Paris
1667

La Mothe Le Vayer, F. de

Opuscules ou petits traittez

Le I. De la Hardieffe, & de la Crainte.
Le II. De l'Ingratitude.
Le. III. De la Machandife.

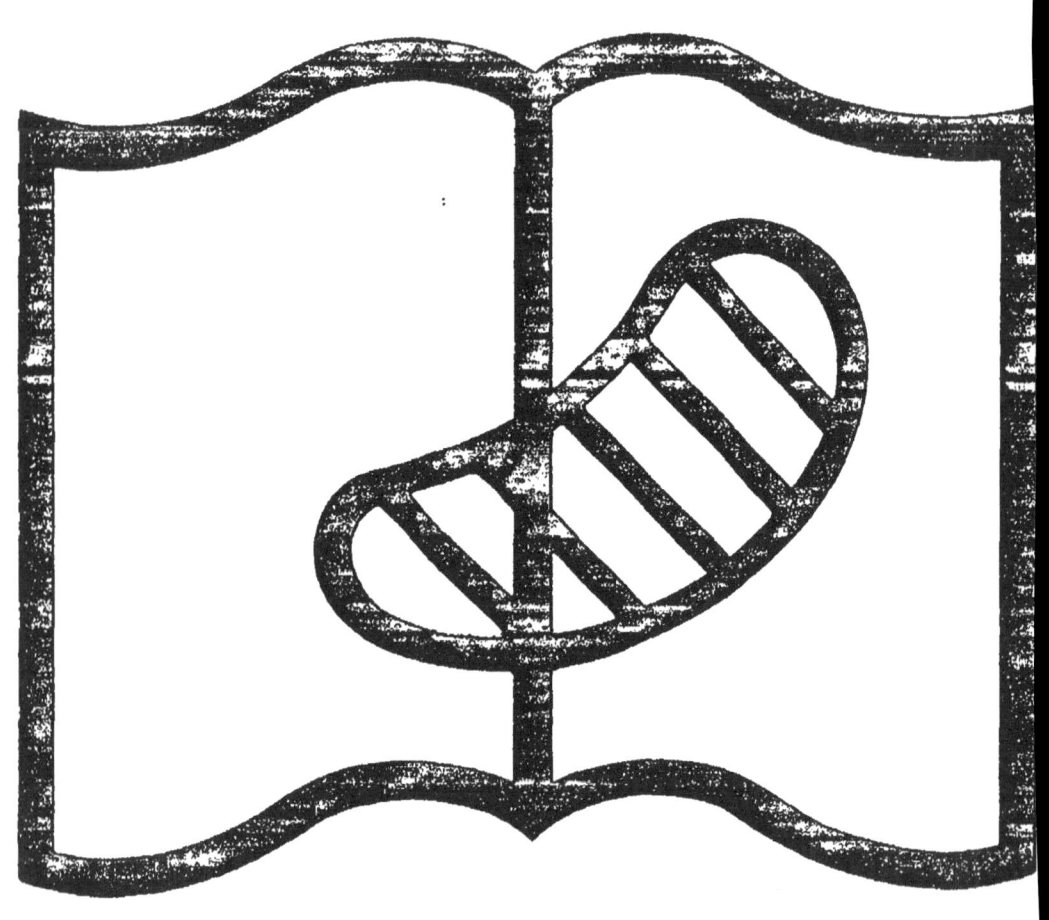

Symbole applicable
pour tout, ou partie
des documents microfilmés

Original illisible

NF Z 43-120-10

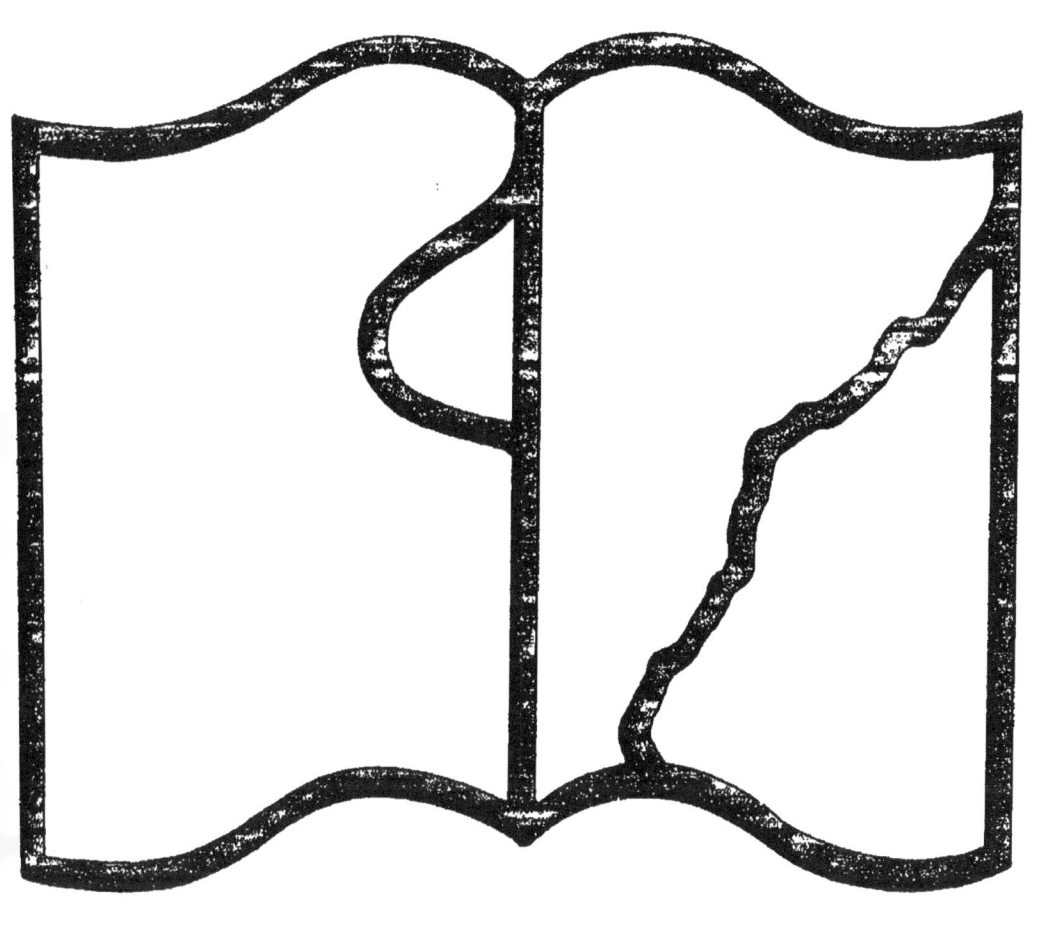

Symbole applicable
pour tout, ou partie
des documents microfilmés

Texte détérioré — reliure défectueuse

NF Z 43-120-11

Y

ex libris congregationis
Missionis Domus Bajocensis
Catalogo inscriptus
nº 10.

OPVSCVLES
OV
PETITS TRAITTEZ.

Le I. De la Hardieſſe, & de la Crainte.
Le II. De l'Ingratitude.
Le III. De la Marchandiſe.
Le IV. De la grandeur & petiteſſe des Corps.
Le V. Des Couleurs.
Le VI. Du Menſonge.
Le VII. Des Monſtres.

A PARIS,
Chez la veſve Nicolas de Sercy, au Palais, dans la ſalle Dauphine, à la Bonne-Foy.

M. DC. XLVII.
Auec Priuilege du Roy.

A MONSEIGNEVR
MONSEIGNEVR
L'EMINENTISSIME CARDINAL
MAZARIN.

ONSEIGNEVR,

*La bonté dont il plut à Voſtre
Eminence d'vſer en receuant*

EPISTRE.

les derniers Opuscules que ie luy dedié, m'obligeroit toute seule à vous en presenter la suite, quand ie n'y serois porté que de ce seul motif. Mais comme ie me sens vostre redeuable au delà de toute expreßion, l'on m'auroit peu reprocher l'ingratitude que ie rends si criminelle dans l'vn de ces Traittez, si n'ayant rien pour l'heure de plus considerable, ie ne vous eusse du moins offert ce petit trauail. Les liures des anciens nous apprennent qu'en reconnoissance d'vne santé parfaite de tout le corps, ils se contentoient de presenter à Dieu leur cheuelure, qu'ils mettoient sur ses autels. Ie les

EPISTRE.

imite sans Idolatrie, MONSEIGNEVR, quand ie consacre dans vostre incomparable Bibliotheque vn ouurage de si peu de consideration, donnant à celle de qui ie tiens tout ce que ie sçay, vne portion de mes estudes, qui ne vaut que ce que mon Zele la peut faire valoir. Car ie ne suis pas temeraire iusques là, de presumer que mes veilles doiuent tant soit peu arrester vne Ame incessamment agissante comme celle de Vostre Eminence. L'on ne sçauroit sans crime la diuertir tant soit peu des soins continuels qu'elle prent pour la grandeur de cette Monarchie. Et c'est assez à

EPISTRE.

ceux qui me ressemblent, de luy demander (comme ie fais auec toute sorte de respect) la faueur que ce qu'ils mettent au iour puisse auoir lieu dans ce Temple des Muses, parmy le nombre innombrable de volumes qui le rendent le plus auguste qui soit auiourd'huy dans le monde. C'est où se chantent tous les iours les hymnes deus à la gloire de vostre Nom, comme au lieu où paroist le plus manifestement l'inclination de Vostre Eminence pour les sciences, qui ne sont iamais bien estimées ny protegées que par ceus qui les connoissent & les possedent. Mais parce que i'ay appris du plus ce-

EPISTRE.

lebre Autheur qui s'y trouue, quencore que les Vertus ordinaires reçoiuent auec raison beaucoup de loüange, il y en a d'autres si esleuées qu'elles ne sont pas loüables, à cause qu'elles sont au dessus de ces mesmes loüanges: Ie m'empescheray bien d'entreprendre icy le moindre discours qui puisse estre pris pour vn eloge medité. En effet il n'y a point de termes qui me satisfassent dans cette pensée. Tous ces grands surnoms de Heros n'ont point de proportion auec ce que ie conçois. Et à moins d'en trouuer vn qui signifie toutes les Vertus reünies ensemble, comme on veut que la

Arist. l. 1. Ethic. cap. 12.

EPISTRE.

Pantaure contienne toutes celles des autres pierres, ie penseray toufiours mieux faire de laisser vostre merite sans recommendation, que de luy donner des attributs par trop au dessous de luy. L'on a dit d'vn des grands Genies de l'antiquité, mais de beaucoup inferieur à celuy de Vostre Eminence, que sa gloire estoit arriuée au poinct, de ne pouuoir plus croistre par des paroles obligeantes, ny diminuer par d'autres contraires. Certes nous pouuons bien prononcer la mesme chose de l'honneur que tout le monde s'efforce de rendre à vostre Ministere : Et il, est aisé d'inferer de

EPISTRE.

là, que si tous nos Panegyriques n'en sçauroient augmenter le prix, un silence respectueux, tel que le mien, sera sans doute plus approprié aus sentimens d'une profonde veneration, dans laquelle i'ose me dire

MONSEIGNEVR,

Vostre tres-humble & tres-obeïssant seruiteur,
DE LA MOTHE LE VAYER.

Extrait du Priuilege du Roy.

PAR Lettres patentes signées par le Roy en son Conseil, CONRAT, & seellées; Il est permis à M. DE LA MOTHE LE VAYER, de faire imprimer par tel Imprimeur qu'il voudra choisir, *diuers Opuscules*, ou petits Traittez en vn ou plusieurs Volumes, auec tres-expresses defenses à tous autres de les imprimer ny vendre, durant le temps & espace de cinq ans entiers, à compter du iour que chaque Volume sera acheué d'imprimer pour la premiere fois, sans le consentement dudit sieur DE LA MOTHE LE VAYER, sur peine de deux mil liures d'amende, applicables vn tiers au Roy, vn à l'Hostel Dieu de Paris, & l'autre tiers au Libraire que l'Impetrant aura choisi, de cōfiscation des Exemplaires contrefaits, & de tous despens, dommages & interests; comme il est plus au long contenu ausdites Lettres de Priuilege. DONNEES à Paris le quatorziéme iour de Mars, l'an de grace 1643.

Et ledit sieur de la Mothe le Vayer, a consenty qu'Antoine de Sommauille, Augustin Courbé, Toussaint Quinet & la vefue Sercy, Marchands Libraires à Paris, iouyssent dudit Priuilege, à l'egard du present Volume, ainsi qu'il a esté accordé entr'eux.

Acheué d'imprimer pour la premiere fois le 8. iour d'Aoust 1647.

Les Exemplaires ont esté fournis.

Fautes suruenuës à l'Impreßion.

PAge 14. ligne 15. science, lisez sienne.
Page 19. ligne 15. ostez virgule apres entreprend.
Page 74. ligne 12. consommerent, lisez consumerent.
Page 94. lig. 9. mettez à la marge l. 6. Strom.
Page 145. consommer, lisez consumer.
Page 151. en la marge Neryom. lis. Necyom.
Page 176. ligne 4. vinssent, lisez veissent.
Page 177. ligne 15. d'vser d'aucun, lis. d'employer aucun.
Page 190. ligne 4. mettez en marge ep. 58.
Page 194. ligne 11. mettez vn point au lieu de la virgule, ostez &, commençant la periode par Sans.
Page 263. ligne huit pour nommer, lisez en nommant.
Page 312. ligne 17. routes, lisez toutes.
Page 318. ligne 1. ec que, lisez ce que.
Page 375. lig. 7. Heraclite, lis. Heraclide.

DE LA
HARDIESSE
ET DE
LA CRAINTE.

JE ne sçaurois croire que le dessein des Anciens fust, comme quelques-vns l'ont voulu dire, de condamner toute sorte de recreations en tems de guerre, quand ils defendirent d'vser de Menthe, & mesme d'en semer durant vne si fascheuse saison,

Probl. sect. 20. act. 2. ce qu'Aristote a beaucoup mieux interpreté. Les plus guerriers d'entr'eux sacrifioiēt aus Graces deuant que de combattre. Celuy qu'ils nommoiēt le Dieu des batailles, prenoit ses diuertissemens aupres de la plus gaye, aussi bien que de la plus belle des Deesses. Et cette Pallas armée à qui l'on donna la sur-intendance des Arts & des Sciences, monstroit bien qu'ils ne tenoient pas les agreables exercices de la Paix pour incompatibles auec les trauaux de la Guerre. Ie ne pense donc pas que le son de nos Trompettes, qui mettent auiourd'huy toute l'Europe en alarme, nous doiue faire tomber la plume de la main, ny rompre le dessein que nous auons d'adoucir autant qu'il est possible l'amertume d'vn si rude tems, par le plaisir innocent des Muses, & parce que l'Estude a de charmes à l'esgard de ceus qui s'y plaisent. Mais afin de nous accommoder au Theatre, selon que les plus sages l'ordonnent, ne nous esloignons pas de ce qu'on y represente; & puis qu'on n'entend parler que d'exploits Martiaux, & d'actions Heroïques, prenons pour sujet de nostre entretien la Hardiesse de ceus qui les executent, faisant reflexion au mesme tems sur la Crainte des Ames timides, veu qu'il n'y a rien qui donne tant de lumiere à de semblables considerations que l'opposition des contraires.

Quoy que nous confondions souuent dans noſtre langage ordinaire la Vaillance & la Hardieſſe, les faiſant paſſer l'vne pour l'autre, cóme ſi c'eſtoient deux ſynonimes ; ſi ſont-elles bien aiſées à diſtinguer, la premiere pouuant eſtre priſe pour le Genre, & la ſeconde pour l'Eſpece. Car puis que la Vaillāce, ou la Force, qui eſt la plus pompeuſe des quatre Vertus qu'on nomme Cardinales, a deus parties eſſentielles, la Patience à souffrir, & la Hardiesse à entreprédre, dont celle-cy est tenuë pour la moindre dans nos Escoles de Philosophie ; l'on ne sçauroit nier que la Vaillance n'ait beaucoup plus d'estenduë que la Hardiesse, & qu'encore qu'il n'y ait point d'homme veritablement vaillant qui ne soit hardy, il ne se trouue assez de personnes resoluës & hardies, qu'on ne peut pas dire absolument ny entierement vaillantes, dautant qu'on ne leur voit pas le mesme cœur, ny la mesme generosité dans les souffrances, qu'elles ont dans l'aggression & dans les plus difficiles entreprises. Cela presupposé de la sorte, nous ne ferons pas difficulté de parler assez souuent de la Hardiesse dans ce petit discours, aux mesmes termes qui sont deus à vne parfaite Vaillance, à cause du grand raport qu'elles ont entr'elles, & que l'vsage le veut souuent ainsi.

Si nous pretendons dire quelque chose, dont les hommes qui font profession de Hardiesse puissent tirer de l'auantage, il ne la faut pas considerer simplement cóme vne passion qui appartienne à la partie irascible de nostre ame, puis qu'en cette qualité n'estant ny Vice, ny Vertu, non plus que ses compagnes, on peut pretendre qu'elle ne merite ny blasme ny loüange. Mais si nous la prenons pour vne resolution de courage, qui fait entreprendre auec vne fermeté heroïque les belles actions quelque peril qui s'y rencontre, c'est alors que formant vn des membres de la Force, comme nous l'auons desia remarqué, & passant pour vn effet du Iugement plustost que de l'Appetit, nous luy pourrons donner tous les Eloges que merite vne Vertu qui ne voit rien au dessus d'elle, & qui fait tout trembler au dessous. Car qui a rendu si celebre & si terrible tout ensemble le nom des Hercules & des Achilles, si ce n'a esté cette merueilleuse Hardiesse qui leur faisoit mespriser toute sorte de dangers? Sans elle les Rolands, les Cesars, ny les Alexandres n'auroient pas plus de reputation que le commun des hommes. Et certes l'Histoire de Dauid n'a rien d'esclatant, comme ce qu'elle nous fait sçauoir de sa resolution à poursuiure les Ours, & les Lyons, lors qu'il gardoit encore les troupeaux de son pere ; puis que nous y lisons qu'il auoit l'asseurance de prendre par le menton ces espouuentables animaux, & qu'apres leur auoir osté leur

Lib. 1. Reg. c. 17.

proye, il ne les quittoit point qu'il ne les eust estouffez. Elle tesmoigne en vn autre endroit, que ce fils d'Isai se ioüoit par fois aussi librement auec eus, qu'il eust peu faire auec des Aigneaux. C'est ce qui luy fit affronter depuis si hardiment Goliath. Et ce furent de tels apprentissages qui le porterent en suite à de si hautes entreprises, que la Fable n'a rien fait executer à ses demy-Dieux de si considerable dans toutes les relations prophanes, que l'est ce que nos Lettres Sainctes nous apprennent du courage de ce veritable Heros.

cap. 17. Eccles.

Les Poëtes ont eu fort bon-

ne grace de conioindre par mariage
 Hercule auec la Deeſſe
Hebé qui preſidoit à la ieuneſſe,
 pour dire que la memoire
des hommes courageus & hardis,
 au lieu de vieillir, ou mourir,
 raieunit, & ſe rend tous les
iours plus illuſtre. Ceus auſſi
qui ont remarqué comme la
Cic. 3. Fortune prend ordinairement
de Fin. le party des Vaillans, *Fortuna*
& 2. *Fortes*, & comme Venus meſ-
Tuſc. me, qui eſt auſſi clairuoyante
qu.
Tit. Liu. que la Fortune eſt aueugle, les
dec. 1. fauoriſe encore,
lib. 8.

Audentes Forſque Venuſ-
que Iuuant.

n'ont pas peu contribué, ce me
ſemble, à nous faire reconnoi-

& de la Crainte.

stre le prix de la Hardiesse, & combien nous la deuons estimer. Mais il est beaucoup plus aisé de remarquer ses auantages, que de bien & precisément determiner en quoy elle consiste. Car si nous n'auions esgard qu'à l'esclat qui paroist en de certaines actions que la cholere, ou quelque autre passion aussi attachée à la masse du sang nous fait faire, nous prendrions souuent pour la Vertu dont nous traittons, vne chose qui n'en est que l'image, & nous logerions inconsiderément dās l'humeur, & dans la complexion, ce qui doit releuer nuëment de la volonté. Cependant il n'y a rien dans la Morale où l'on se trompe plus souuent. Les boüillons de la Bile passent assez souuent pour des effets d'vne vraye & legitime Hardiesse. Et ie me souuiens que Seneque mesme, non content d'auoir adapté au courage de Caton la description de ce genereus cheual que represente Virgile dans le troisiéme liure de ses Georgiques; donne ailleurs d'aussi grands eloges à Phaeton, que ce ieune homme en auroit peu meriter quãd la temerité ny l'ambition n'auroient eu nulle part dans son entreprise. Il se faut bien garder de bailler d'autres fondemens à

Ep. 95.

Lib. de prouid. cap. 5.

& de la Crainte. 13

la Hardieſſe, priſe pour vne Vertu, que ceus d'vn legitime raiſonnement ; ny d'en iuger par quelques circonſtances qui peuuent tromper, ſi elles ne ſont accompagnées de toutes celles qui s'y doiuent trouuer. Comme l'on ne meſure pas la grādeur du courage par ſa ſeule hauteur, mais encore par ſa longueur, par ſon eſtenduë, & par toutes les dimentions qu'on luy peut appliquer; dautant qu'il ne ſuffit pas d'eſtre magnanime, ſi l'on n'eſt de plus *longanime*, pour vſer de ce mot, & ſi l'on ne poſſede ce βάθος τ͂ ψυχῆς, καὶ μέγεθος, dont parle Ariſtote, cette profondeur

Lib. de Virtut.

d'ame, & ce poids qui tesmoigne sa grande capacité. Ce n'est pas assez non plus pour bien reconnoistre la Hardiesse, de la considerer dans quelques actions particulieres, que l'impetuosité de nostre nature, ou de certains mouuemens desreglez peuuent causer. Ceus qui ne sont hardis que de cette façon, manquent souuent de hardiesse où ils en auroient le plus de besoin : Celuy qui l'est veritablement, l'est tousiours ; parce que la science a son siege dans la principale partie de son ame. Ie ne vois rien dans toute l'Histoire des anciens qui me contente dauantage là dessus, que la repartie de ce Spartiate qu'Herodote nomme Diene- (Lib. 7.) ces, si i'ay bonne memoire. Quelqu'vn luy exaggerant le grand nombre des Medes, l'asseuroit que la multitude des fleches qu'ils tiroient, auoit accoustumé d'obscurcir le Soleil. De tant mieux, dit-il tout à l'heure, nous combattrons à l'ombre par ce moyen. La hardiesse du Philosophe Apollo- (Philost. lib. 4. cap. 15.) nius peut estre encore icy rapportée, comme l'vne des plus franches qu'on se puisse representer. Le Consul Tigillinus luy demanda comment il se pouuoit faire, qu'vn homme de sa sorte ne craignist point vn puissant Empereur tel que Neron. Sa responſe fut, que cela venoit de ce que le meſme Dieu qui rendoit Neron ſi grād & ſi terrible, luy faiſoit la grace dans vne condition beaucoup moins eſleuée, d'eſtre neantmoins ſans peur. Mais certes ie croy qu'on peut dire de la Hardieſſe ordinaire, auſſi bien que de la Vaillance, qu'il y en a de cinq ſortes qui ne le ſont toutes qu'improprement, & par la reſſemblance qu'elles ont à la vraye & legitime Hardieſſe. La militaire n'eſt fondée que ſur l'exemple, & ſur l'accouſtumance : Celle des yurongnes, que ſur les fumées du vin : Celle des le des enfans, que sur l'ignorance : Celle des amans, & de tous ceus qui se laissent emporter à leurs passions, que sur le desordre causé par la partie irascible, ou par la concupiscible : Et il se trouue encore vne Hardiesse, que les Philosophes moraux nomment ciuile, qui ressemble le plus de toutes les autres à la parfaite, & qui neantmoins n'a pour fondement que la Pudeur, ou la Honte; comme est celle d'Hector dans le vingt & deuxiéme Liure de l'Iliade, où il n'ose rentrer auec les autres Troyens dans leur ville, de crainte que Polydamas ne luy reproche le mespris du conseil qu'il luy auoit donné.

Or quoy que ces differentes especes de Hardiesse semblent contribuer beaucoup à nous faire reconnoistre le merite de celle dont on les distingue, qui n'a pour objet que l'honnesteté, & qui ne se meut que par les seuls ressorts de la raison ; si est-ce qu'à mon auis rien d'vn autre costé ne nous peut mieux desabuser de la grande estime que nous faisons de plusieurs personnes à cause de leur hardiesse, que de considerer qu'il n'y en a peut-estre point de si pure dans le monde, qui ne se doiue raporter à l'vne des cinq façons dont nous venons de

& de la Crainte. 19

parler, qui n'ont que l'apparence trompeuse de la Vertu qu'elles representent, plus aisée à conceuoir en idée, qu'à discerner auec realité. Qu'on me donne vn homme si legitimement & si essentiellement hardy, que ny l'exemple, ny la coustume, ny l'ambition, ny aucune de toutes les passions que nous auons nommées n'esmeuuent iamais, pour n'estre excité que par la seule consideration de l'honnesteté en tout ce qu'il entreprend, de grand & de genereux? En verité ie pense qu'il n'y en a que peu ou point de cette trempe, & que si nous limitons la Hardiesse aus termes
B ij

que les Philosophes luy ont prescrit dans leurs definitions, nous la reduirons facilement à la nature des Chimeres, & des Phantosmes, qui ne subsistent que dans l'imagination. Elle reçoit d'ailleurs vn merueilleus desauantage, de ce que ses plus belles operations tiennent si fort de la ferocité des animaux desraisonnables, que nostre langage ordinaire n'exprime iamais mieus le courage d'vn homme, qu'en le nommant hardy comme vn Tigre, ou comme vn Lyon. Voire mesme quand Homere a voulu representer la valeur de ses Heros, il n'a pas fait difficulté de comparer celle d'Aiax, & de Menelaüs, à la generosité d'vn Asne, & d'vne Mousche. Tout de bon, que peut faire le plus hardy des hommes, par le plus vertueus motif que nous luy puissions donner, qu'vn peu d'Opium ne fasse executer à vn Turc, vn verre d'eau de vie à vn Moscovite, vne charge de poudre à canon destrempée dans de la biere à vn Hollandois, & vne bouteille de maluoisie à vn Italien, ou à vn François? *Præclara virtus*, disoit cét ancien en se moquãt, *quam etiam ebrietas inducit!* Faisons les braues tant que nous voudrós, ce ne sçauroit estre que pour ressembler aus plus barbares des hommes, & pour meriter le surnom de Canibales, c'est à dire dans leur langue, de gens vaillans & sans peur. Il y a, ie ne diray pas des caracteres, mais de simples pierres, comme l'Amandine, & la Ceraunie qui tombe auec le tonnerre, qu'on veut qui ayent le pouuoir de nous fortifier l'ame contre toute sorte de perils, & de nous rendre hardis, encore que nous fussions naturellement des plus timides. Mais de quoy nous pourrons-nous tant vanter, quand nous serons courageus au plus haut point qu'on se puisse imaginer? ce ne sera pas, comme disoit Diogene à vn Fanfaron, pour auoir de l'auantage sur ceus qui vaudront autant que nous, ny beaucoup moins sur d'autres dont les forces seront plus grandes que les noſtres, puis que l'vne & l'autre de ces choses est impossible. Et quelle gloire y peut-il auoir en suite, de vaincre les imbecilles à noſtre esgard, de surmonter ceus qui sont plus foibles que nous, & d'eſtre hardis contre des personnes qui ne sçauroient nous resister? Il y a bien plus, ce qui est hardieſſe en vn lieu, ne l'est pas ailleurs; & le plus haut degré de cette Vertu paſſe pour vn Vice dans la meilleure Philosophie. Si nous en croyons les Suisses, ce n'est pas estre hardy que de lascher le pied, ou de perdre son rang, en quoy leurs bataillons ont beaucoup de raport à l'inesbranlable phalange des Macedoniens. Les Parthes neantmoins, comme l'obserue Socrate dãs le *Laches* de Platon, font gloire de combattre en fuyant. Les victoires des Scythes s'obtiennent souuent en tournant le dos ; & ces peuples, aussi vaillans qu'il y en ait sur la terre, paroissent hardis dans des retraittes, que d'autres prendroient pour des actions de peu de cœur, & de pure poltronnerie. Nous disons communément des hommes de grand courage, qu'ils sont si hardis qu'ils ne craignent rien. Cependant Aristote enseigne en diuers lieux de sa Morale, que la vraye Hardiesse ne consiste pas en cela, parce qu'il la faudroit attribuer aus pierres, & aus choses inanimées qui sont exemptes de toute crainte, si cette seule priuation suffisoit. Il dóne mesme le nom de fous & d'insensez, à ceus qui paroissent si resolus, qu'ils méprisent iusques aus coups du Ciel, & aus esclats de la Foudre. Les Celtes, dit-il, qui pensoient faire paroistre beaucoup

Lib. 3. Nicom. cap. 7. L.1.M2. mor.c.5 & 21. L.3.Eudem.c.1

de hardiesse, en s'oppolant auec leurs armes aus flots de la mer, & aus orages de l'Ocean, tesmoignoient leur desreglement d'esprit pluſtoſt que leur Vertu, par de telles actions. Considerons encore que c'eſt le propre de toutes les autres Vertus, de faire esgalement aymer & eſtimer ceus qui les cultiuent. La seule hardieſſe rend ſuſpects, & par là odieus presque tous ſes poſſeſſeurs. Hannon, ce grand General Carthaginois, eſt le premier des hommes, ſi nous en croyons Pline, qui eut la hardieſſe d'appriuoiſer vn Lyon. Ce fut, adiouſte cét Autheur, la seule cauſe de ſa con-

Lib. 8. cap. 16.

demnation, parce que ceus de son pays creurent que leur liberté ne pouuoit estre en asseurance aupres d'vn homme si hardy. Vn Polonois de la garde de Matthias Coruin, ayant esté si temeraire que d'arracher de la gueule d'vn autre Lyon famelique sa pasture, reçeut bien vn present de ce Prince, mais ce fut en luy commandant de se retirer, & en iugeant qu'il ne pouuoit seurement retenir aupres de sa personne vn si determiné soldat. Et il y a grand sujet de soupçonner, ce me semble, qu'vne des causes qui firent releguer à l'Empereur Macrinus ce vaillant Ca-

Crant. zius l.9. Saxon. cap. 26.

pitaine L. Priscillianus dans vne Isle où il mourut, fut de sçauoir qu'il auoit eu la hardiesse de combattre luy seul quatre animaus si redoutables, comme le sont vn Ours, vne Pardale, vne Lyonne, & vn Lyon; quoy que sa mauuaise conduite sous Caracalla qui l'auoit auancé, donnast de grands pretextes de le mal traitter, comme Dion Cassius nous le fait bien connoistre. Que si le pris de la Plante se mesure par la bonté de ses fruits, ceus que nous venons de monstrer que produit ordinairement la Hardiesse, ne nous la doiuent pas beaucoup recommander.

Lib. 78.

& de la Crainte. 29

Mais s'il est ainsi que les hommes hardis ne meritent pas tant d'estime, que nous l'auions presupposé dés le commencement de ce discours, d'où vient que nous faisons vn si grand mespris des Craintifs, que nous nommons coüards, & poltrons ; veu que l'infamie de ceus-cy doit estre proportionnée à la gloire des premiers, & la laideur d'vn Vice à l'esclat de la Vertu qui luy est opposée? En effet la Peur est vne qualité d'Esclaue, ou de Scelerat, *Fugit impius nemine persequente*, dit Salomon ; & Dieu menace ceus qui n'obserueront pas sa Loy, qu'ils deuiendront si timi-

Proü. cap. 28.
Leuit. cap. 26.

des, qu'encore que personne ne les poursuiue, ils ne laisseront pas de fuyr laschement, & de trembler au bruit des feuilles, comme s'ils estoient poursuiuis par leurs ennemis. Les terreurs Paniques passent pour des punitions diuines dans toute sorte de Religions. Il n'y a point de maux qui ne soient finis, & qui n'ayent de certaines bornés; celuy de la Crainte est le seul qui ne reçoit point de limites, ce qui le rend sans doute le plus grand de tous. Les autres ne se ressentent que dans le tems de leur veritable existēce: La Peur rend le mal absent, present; & fait souffrir par auance

ce qui n'est pas encore arriué,
------ nos anxius omnia cogit Ouid.
Quæ possunt fieri, facta putare epist.
timor. Laod.
Protes.

Et pour marque de la grande différence qui se trouue entre cette passion & les autres, c'est qu'elles se communiquent presque toutes par ceux qui en sont touchez à la mesure de ce qu'ils en ressentent, de sorte que, par exemple, pour bien donner de l'amour, il est de besoin qu'on en soit frappé sensiblement auparauant. Le contraire arriue presque tousiours dans la crainte; celuy qui en a le plus, en donne le moins; & pour l'imprimer fort auãt dans le cœur d'autruy, il faut en estre exemt tout à fait. De là vient que nous voyons tant de personnes semblables au Crocodile qui poursuit les fuyards, & fuyt deuant ceus qui le suiuent, *Audax Crocodilus monstrum fugacibus, vbi audacem senserit, timidissimum*, dit Ammian Marcellin apres Seneque. Ce n'est pas à dire pourtant que la Peur ne soit contagieuse, & que des hommes timides ne soient capables de descourager par fois les plus resolus. Gedeon deffit mieux les Madianites auec trois cens soldats courageus, qui s'estoient contentez de boire dans le creux de la main,

Lib. 22. Hist. l. 4 qu. nat. cap. 2.

la main, qu'il n'euſt peu faire auec toute ſon armée de trente-deux mille preſque tous poltrons, & dont la plus grande partie ſe retira en vertu du commandemēt diuin, *Qui formidoloſus & timidus eſt, reuertatur.* Ce ſuccez neantmoins cōfirme pluſtoſt qu'il ne deſtruit noſtre precedente propoſition, puiſque ſi peu d'hommes ſans peur la ſçauent ſi bien mettre dans l'eſprit de leurs ennemis.

Lib. Iudicum cap. 7.

Conſiderons maintenant dans quelques exemples les mauuais effets que produit ordinairement la Crainte. I'aprens encore de Seneque, que ce ſont eus qui ont fait donner

Lib. 2. de Ira. cap. 12.

C

le nom de *formido* par les Romains au trouble d'esprit qu'ex-
cite l'apprehension, parce qu'elle met tellement vn homme
hors de luy-mesme, qu'il deuient tout autre, & n'est pas re-
connoissable. Qui eust reconnu Pierre d'Aussun, celuy qui
auoit rendu sa valeur si celebre,
qu'on ne parloit prouerbiale-
ment que de la hardiesse d'Auf-
sun, quand la peur luy eut fait
tourner le dos, & croire la perte de la bataille de Dreux gai-
gnée par son party, ce qui l'o-
bligea à se donner de desplaisir
la mort que cause le defaut d'a-
limens. Cette fuite inconside-
rée me fait souuenir de deus,

Foras me do.

Thuan. lib. 34. hist.

presque semblables qui arriuerent à la Iournée de Montlhery, où l'on a remarqué qu'vn homme de haute condition du costé de Louis vnziéme se retira iusques à Lusignan sans repaistre, & vn autre de l'armée du Comte de Charolois iusques au Quesnoy de mesme; encore que ny les François ny les Bourguignons n'eussent perdu la bataille. Mais la fievre de sainct Vallier fit naistre en France vn autre prouerbe pour exprimer vne Crainte demesurée, qui n'est pas moins propre que le premier à seconder nostre dessein. Ayant esté condamné à mort, pour auoir sçeu

Math.
lib. 3.

Thua. lib. 3. la mauuaife deliberation de Charles de Bourbon fans en aduertir le Roy François premier, il obtint bien fa grace par le credit de fa fille Diane de Poictiers, mais cela n'empefcha pas que l'effroy de s'eftre veu les yeus bandez fur vn efchaffaut, comme quelques-vns l'efcriuent, ne luy caufâft vne fievre accompagnée d'vne alienation d'efprit, qui le fit mourir peu de iours apres. Il y en a que l'apprehenfion feule tuë fur le champ, comme Pline dit qu'entre les animaux aquati- *Lib. 9. cap. vlt.* ques la Langoufte ou fauterelle de mer craint tellement le Polype, qu'auffi-toft qu'elle fe trouue auprés de luy, elle meurt de pure frayeur. Coneſtaggio nomme vn Ian de Iaem Eccleſiaſtique, qui ſe trouuant à la bataille des Terceres ſous la derniere couuerture d'vn galion de Caſtille, fut tellement ſaiſi de peur entendāt les coups de canon qui ſe tiroient, qu'il en rendit l'eſprit ſur l'heure. Dans la ſedition qui ſe fit pour le ſel à Bordeaux ſous Henry ſecond, le Conſeiller ſaint-Simon fut ſi ſurpris d'eſtonnement, qu'il expira voulant parler à ſes domeſtiques. L'on remarque encore d'autres effets de la Crainte auſſi notables que la mort meſme. Vn ieune Flo-

Lib. 9. Hiſt. de Port.

Thua. l.5.Hiſt.

rentin, dont le Pape Sixte cinquiéme voulut qu'on fist iustice exemplaire, pour auoir resisté dans Rome à des Sbirres, fut veu suer & plorer du sang d'apprehension deuant que d'estre executé. Henry Garts condamné à la mort sous la Reyne d'Angleterre Marie qui succeda à son frere Edoüard, deuint gris en vn instant : & quoy que le Iugement rendu contre luy ne tinst pas, ayant vescu long-temps depuis, l'espouuante ne laissa pas de luy blanchir tout le poil en vne nuit. Denys Lambin, l'vn des plus dignes Professeurs du Roy qu'ait eu l'Vniuersité de Paris, se troubla si fort à la sainct Barthelemy, sçachant comme son ennemy Charpentier auoit fait tuer Ramus, que cette agitation de la partie superieure luy causa vne maladie dont il deceda vn mois apres. Quelques années depuis Iean des Gorris, cét excellent Autheur des Definitions medicinales, allant en littiere visiter l'Euesque Viole, fut tellement effrayé par de certains hommes qu'il creut le deuoir assassiner par les ruës, qu'il en perdit aussi presque l'esprit, & fut tout autre iusques à la mort. Voila des exemples de ce que peut la Crainte sur des particuliers. Il seroit bien aisé

Id.l.64.

de faire voir en suite qu'elle ne traitte pas plus fauorablement les peuples entiers quand il luy plaist, si l'Histoire de toutes les Nations n'en fournissoit tant de preuues, qu'il n'y a nulle apparence de s'arrester à des choses si connuës. Vn Lievre, le plus timide de tous les animaus, fut capable d'estonner & de mettre en desordre toute l'armée de Xerxes. Et nous lisons dans Athenée, que ceus de Samos estans descendus de leurs vaisseaux auprés du fleuue Siris pour aller à Sybare, furent tellement espouuétez par le bruit suruenant d'vn vol de Perdrix, qu'ils se rembarquerent subite-

Lib. 14. deipn.

ment, & s'enfuyrent en tres-grãde confusion. Car la passion dont nous traittons fait tousjours, comme l'on dit, le Loup plus grand qu'il n'est. L'esclat des choses qu'on redoute, pour petites qu'elles soient, est toûjours grand, & ressemble à celuy des Vers luisans qui paroist de loin extrémement, quoy que ce ne soit presque rien quand on s'en approche. Bref nous sommes capables de nous effrayer de si peu de chose, que les Latins ont dit en prouerbe aussi bien que nous, Auoir peur de son ombre; & les Grecs en ont fait vn autre de la timidité d'vn certain Pisandre, qui craignoit tousiours de rencontrer son ame propre, s'imaginant qu'elle se pouuoit presenter à luy separée de son corps, expressément pour luy ioüer ce mauuais tour. Quoy qu'il en soit, comme le peu de fondement qu'ont souuent nos Craintes, monstre qu'il n'y a rien de plus attaché qu'elles à l'infirmité de nostre nature, leur mauuaise suite, & tant de sinistres euenemés nous font voir combien elles sont dangereuses, & par consequent le grand auantage qu'ont les hommes hardis qui s'en peuuent dire exemts.

Si est-ce qu'à regarder les choses vn peu d'vn autre biais,

& *de la Crainte.* 43

nous ne trouuerons peut-estre pas que la Peur soit ny si fort honteuse, ny si fort à redouter que nous le venons de presupposer. Desia personne n'ignore cette belle Sentence de Salomon dans son Ecclesiastique, par laquelle il conioint si estroittement la Sagesse & la Crainte, qu'il croit qu'vn homme prudent est obligé d'apprehender toutes choses, *Homo sapiens in* Cap. 18. *omnibus metuit*. Et de verité il n'appartient qu'à ceus qui sçauent iudicieusement preuoir tout ce qui peut arriuer, de redouter le mal futur; comme il n'y a qu'eus aussi qui sçachent apres cela, & en consequence de leurs prenotions, se porter auec resolution aus plus perilleuses entreprises, *Animus vereri qui scit, scit tutò aggredi.*

D'ailleurs pourquoy y auroit-il de la honte à souffrir vn mouuement naturel, dont personne ne sçauroit se dire exemt? Les exemples mémes que nous auons rapportez à son auantage nous ont fait voir, qu'il n'y a point de generosité qui soit à l'espreuue des terreurs Paniques, ny qui puisse resister à de certaines craintes qui surprennent les plus grands courages. Adioustons icy deus autres exemples qui nous feront reconnoistre ce que nous disons

& de la Crainte.

encore plus manifestement. On lit d'Aratus Sicyonien, l'vn des plus renommez Generaux d'armée qu'ait eu l'ancienne Grece, qu'il commençoit presque tous ses exploits de guerre auec vne certaine palpitation de cœur, dans laquelle il a souuent demandé à ceus qui se trouuoient auprès de luy, si sa personne estoit pour lors necessaire au combat. Et neantmoins nous apprenons de Plutarque qui fait cette remarque, & de Polybe encore, qu'il s'y comportoit souuent auec toute la resolution que doit auoir vn tres-grand Capitaine. Mais ce que l'Histoire de Nauarre nous ap-

Plutar. in eius vita, & Suidas, in voce Aratus.

prent de son Roy Garçias cinquiéme, surnommé le Tremblant, est beaucoup plus memorable. Son ame magnanime ne l'empeschoit pas de tomber dans vn tremblement de tous ses membres, sur l'instant qu'il alloit donner bataille, ce qui luy acquit le surnom que nous venons de raporter. Quelqu'vn des siens luy tenant là dessus des propos, qui sembloient aller à luy donner de l'asseurance, auec la cuirasse qu'il luy endossoit ; Vous me connoissez fort mal, luy repartit-il, apprenez que si ma chair sçauoit iusques on mon courage la portera tantost, elle se transiroit tout à fait, & que ie n'en serois pas quitte à si bon marché.

Que si nous voulons ietter les yeux sur le reste des animaux, qui sont les vrays miroirs de la nature, nous verrons que les plus courageus d'entr'eus ne sont pas exemts de la Crainte, & qu'ils s'effrayent mesme souuent pour de tres-petits sujets. Le Lyon se trouue quelquesfois surpris par des bruits assez legers, *Leoni pauida sunt ad leuissimos strepitus pectora*, dit Seneque, & l'on asseure qu'il ne faut que le chant d'vn Coq pour luy faire prendre la fuite. L'Elephant en fait autant au moindre gronder d'vn pourceau, ou à la seule veuë d'vn Belier. La ferocité du Tigre est estonnée par le son d'vn Tambour. Et l'Orque marine, ce monstre prodigieus de la mer que nous nōmons Balene, s'escarte & prent l'espouuante aussi-tost qu'elle entend le son bruyant que font les Feves lors qu'on les brise, si nous en pouuons croire le Sceptique Sextus. Peut-estre dira-t'on que les Bestes estant d'vn degré au dessous de nous, comme n'ayant pas l'vsage de la raison, ce que nous voulons prouuer par leur exemple, ne sçauroit estre fort considerable. Portons donc

Lib. 1.
Pyrrh.
Hyp. c.
14. de 1.
modo
Ep.

donc nostre veuë plus hauld, & leuons les yeux iusques au Ciel, où les Anciens nous feront reconnoistre la fuite de leurs Dieus fabuleus, lors que poursuiuis par Tiphœus ils furent contraints de se sauuer en Egypte, & de s'y cacher sous la figure de diuers animaus. Cela monstre que la Theologie Payenne ne blasmoit pas toute sorte de Peur, puis qu'elle nous represente ceus-mesmes qu'elle adoroit, qui n'en estoient pas affranchis. Et c'est pourquoy Pindare, voulant excuser dans vne de ses Odes la fuite d'Amphiaraus, ne feint point d'escrire, que les fils des Dieus y sont

Ode 6. Nem.

D

sujets comme les autres hommes, lors que le Ciel permet que la Crainte suprenne leur resolution, ἐν γὰρ δαιμονίοισι φόβοις, φεύγοντι καὶ παῖδες θεῶν, *nam in diuinitus immissis terroribus, fugiunt etiam fily Deorum.* Homere a fait aussi fuyr par fois, non seulement Paris, ou Nirée, mais Aiax mesme & Hector, qui sont des premiers entre tous ses Heros. Certes pour quitter la fable, toute instructiue qu'elle est, & rentrer dans la consideration de nostre pure humanité, il en faut estre ennemy tout à fait, ce me semble, pour condamner vne passion qui luy est si naturelle. Et ie trouue que

Charles-quint eut fort bonne grace de se moquer d'vne inscription de Tombeau, portant qu'vn Martinus Barbuda ou Iuanius qui reposoit dessous, n'auoit iamais eu de peur en toute sa vie: Sans doute, dit l'Empereur, que cét homme tout hardy qu'il estoit, n'auoit iamais mouché de chandelle auecque les doigts. Quoy qu'il en soit, le mot de Demosthene, que celuy qui fuyt peut combattre vne autre fois, met à couuert l'honneur de tous ceus qui veulent l'imiter.

^{Mariana lib. 19. hist. c. 3.}

Pour ce qui touche les mauuais effets de la Crainte, il y en a assez d'autres que nous leur pouuons opposer, & qui la recommanderont plus que ceus-là ne la diffament. Aristote a fort bien remarqué dans ses problemes, qu'elle nous deliure souuent de beaucoup d'incommoditez & de maladies. Elle a, dit-il, la faculté pour cela d'ouurir le boyau & la vessie. Elle opere de mesme sur tous ces poissons qui iettent leur anchre, comme la Seche, quand ils sont dans la crainte d'estre attrapez, la nature leur ayant donné ce remede pour euiter leur prise, ainsi qu'aus hommes le benefice de la diarrhée, l'vn & l'autre, selon que ce Philosophe l'obserue ailleurs, par le

Sect. 27
qu. 9. & 10.

Id. l. 4.
de Hist.
ani. c. 1.
& lib. 4.
de part.
ani. c. 5.

& de la Crainte.

moyen de la Peur. Cela me fait souuenir de ce que Texeira asseure auoir veu nauigeant le long de la coste d'Arabie, où de certains oiseaux, qui sont naturellement en guerre se poursuiuans, le plus foible gaigne le haut de l'air, & la peur le faisant emeutir, le fort qui est au dessous, reçoit dans le bec l'excrement de l'autre qui luy tient lieu de nourriture. Il ne faut pas oublier, que le Cameleon ne reçoit les diuerses couleurs qui luy viennent successiuement, & qui luy sont necessaires pour sa conseruation, que lors qu'il apprehende le plus. Les Cerfs doiuent pareillement leur naisD iij

Viage de la India c. 2.

sance à la Peur, qui pour cela les accompagne depuis toute leur vie, s'il est vray que les Biches ne faonnent, que quand elles sont estonnées par le Tonnerre. Nous esprouuons aussi tous les iours, que les frayeurs qui nous surprennent font passer l'importunité du hocquet; & beaucoup de personnes ont esté gueries de mesme de la fievre quarte. Au siege qui fut mis deuant la ville de Siene l'an mil cinq cens cinquante-cinq, vn coup de canon qui pensa tuer le Marquis de Marignan, luy fit perdre la goutte par l'effroy qu'il en reçeut, apres lequel il se trouua sans douleur.

Thua. l. 15. hist.

& *de la Crainte.* 55

Nostre Histoire obserue pareillement, qu'à la prise de Niort l'an mil cinq cens quatre-vingt-neuf, vn homme paralytique depuis trois ans, fut si transporté de peur, qu'il sauta hors de son lict, se sauua, & fut guery, ayant vescu 12. ans depuis en parfaite santé. Et qui deslia miraculeusement la langue au fils de Crœsus, si ce ne fut cette mesme passion? Les Romains eurent donc raison de luy dresser des Autels, veu sa puissance qui leur parut si diuine, qu'ils en faisoient dependre la premiere connoissance de leurs Dieux,

Primus in orbe Deos fecit timor.

Aubigné to. 3 p. 158.

Et ce ne fut donc pas encore sans sujet que les Spartiates luy dedierent vn Temple ioignant le Tribunal de leurs Ephores, pour tesmoigner qu'ils n'estimoient rien si important qu'elle à la conseruation de leur Estat. Car encore qu'il semble que la Crainte, comme opposée à la Hardiesse mere des grandes actions, soit plus propre à nous empescher d'agir, qu'autrement : Si est-ce qu'il en est par fois tout au contraire, & qu'elle imprime souuent des resolutions dans l'ame d'vne valeur tout à fait extraordinaire. Vn homme qui craint tout, est capable de tout faire. Le deses-

& de la Crainte. 57
poir qu'engendre l'extremité de la Peur, nous porte à tenter iusques à l'impossible,

Vna salus victis nullam sperare salutem.

Et quand l'Espagnol prononce en riant, *Dios os libre de hidalgo de dia, y de frayle de noche,* il veut dire que la Peur qu'a le dernier d'estre reconnu, ne le rend pas moins genereus au combat que l'autre, qui s'y porte par l'ambition de se signaler, & de paroistre vn homme de grand cœur.

La Crainte n'est pas non plus, comme beaucoup de personnes se l'imaginent, vn tesmoignage de bassesse d'esprit, quoy que les Grecs l'ayent assez de fois comprise sous le nom de μικροψυχία. Tant s'en faut, parce que les grands Esprits sont (comme nous l'auons desia touché) plus preuoyans que les autres, & iugent le mieux, par anticipation, de tous les accidens fascheus qui peuuent arriuer, c'est sans doute qu'ils sont aussi les plus apprehensifs de tous. Vn homme grossier & de peu de ceruelle ne craint presque rien, à cause qu'il ne preuoit rien. Le Pourceau de Pyrrhon ne prend nulle sorte d'effroy pendant la tourmente, dautant qu'il n'en iuge pas les consequences : Et Aristippe sceut fort bien dire dans vn semblable peril de mer, à celuy qui vouloit prendre quelque auantage de ce qu'il estoit sans peur, que ce n'estoit pas merueille, qu'vn homme de neant ne se souciast pas de perdre vne ame de nulle valeur; mais que celle d'Aristippe estant d'vne toute autre consideration, la raison vouloit qu'il apprehendast de s'en voir priué. L'on peut adiouster aus raisons precedentes, que la froideur qu'imprime la Timidité est si conforme au temperament des beaux Esprits, qui penche tousiours du costé de la melancholie, la plus froide de nos humeurs, qu'il ne faut pas s'eſtonner ſi nous diſons, que les hommes peureus, ſont ordinairement ingenieus. Et pour concluſion nous obſeruerons, que ce meſme froid qui eſt inſeparable de la Crainte, n'eſt pas ſeulement vn lien pour reünir les amis lors qu'ils tombent dans quelque apprehenſion: Mais que comme c'eſt le propre de la Froideur de reſſerrer & d'aſſembler en vn, iuſques aus choſes *eterogenées* & de differente nature; la Peur fait ſouuent que les ennemis meſmes s'accordent, & s'vniſſent contre ce qui les eſpouuente.

Voila ce qu'vn temps plein

& de la Crainte.

de tumultes guerriers m'a permis de mediter au sujet de tant d'actions de courage, dont nous entendons tous les iours parler, & sur ce que des personnes pacifiques comme moy peuuent penser, pour adoucir en quelque façon par vn ieu innocent la rigueur de leurs Destinées.

DE L'INGRATITVDE.

LES Philosophes qui ont traitté de la nature des Bien-faits, & des conditions dont ils doiuent estre accompagnez, n'enseignent rien plus expressément que le destachement de toute sorte d'interest où doit estre celuy qui les exerce. La liberalité n'a pas ce qui la rend le plus recommendable, si elle n'est franche, & sans espoir de retour ou de reconnoissance. Et quand ces premiers Poëtes, dont les Fables seruoient de couuerture à la plus haute Philosophie de leur siecle, ont dit que les Graces n'engendroient point, puis que c'estoient des filles fort curieuses de leur virginité, leur intention a esté sans doute de nous faire comprendre que pour obliger comme il faut, on ne doit iamais faire plaisir auec dessein d'en retirer du profit, ny songer à la recompense d'vne action, qui pour se rendre vertueuse a besoin d'estre toute pure, & sans reflexion sur celuy qui la fait. C'est ce qui portoit autrefois Aristoté à souſtenir qu'il faloit donner à l'humanité pluſtoſt qu'à l'hõme, & ce qui luy fit prononcer dans la meſme penſée, que ſans conſiderer les mœurs d'vn mechant qu'il venoit d'obliger, il auoit nuëment ietté les yeux ſur ſon caractere d'homme, οὐ γὰρ τρόπον, ἀλλὰ τὸν ἄνθρωπον ἠλέησα, *non mores, ſed hominem miſertus ſum.* Le Sophiſte Herode s'explique encore dans Aulu-Gelle, quoy qu'en des termes vn peu differens, d'vn ſentiment tout pareil, lors qu'il ne laiſſa pas de donner largement à vne perſonne qu'on luy dépeignoit comme tres-vicieuſe, adiouſtant ces mots, *Demus tanquam*

Diog. Laërt. in Ariſtot. vita.

Lib. 9. noct. Attic. cap. 2.

De l'Ingratitude.
tanquam homines, non tanquam homini, ayons esgard à ce que nous sommes, plustost qu'à ce qu'il est, & ne songeons pas tant à son merite, qu'à nostre deuoir, qui veut que nous soyons charitables. En effet par tout où l'homme se rencontre, il y a lieu de faire du bien, *vbicunque homo est, ibi beneficio locus*; & la seule imagination de nostre semblable demáde tout le secours que nous sommes capables de luy donner. L'importance est de s'y porter par vn bon motif, & de n'auoir que l'honnesteté pour objet, sans iamais s'arrester à l'agrément ny à l'vtile. Tant s'en faut qu'on

Sen.l.de vita be. cap. 24.

E

deuft ne donner qu'aus riches, comme c'eft l'vfage commun, dont on a fait plainte il y a si long-temps ; qu'au contraire nos gratifications deuroient chercher ceux qui ont le plus grand befoin de fecours, de mefme que les eaux tendent naturellement aus lieus les plus bas. Celuy qui n'eft liberal qu'à caufe qu'il fe promet qu'on vfera de reconnoiffance en fon endroit, fait pluftoft l'action d'vn Vfurier, que d'vn homme vrayement vertueux.

Auffi peut-on dire que l'obligation n'eft pas grande, qui ne fe contracte que par des bien-faits de cette nature, &

que l'amour propre rend retroactifs. L'intention est celle qui imprime le caractere de bonté ou de malice dans toutes nos actions. Et si cette maxime est aussi bonne qu'elle est generale dans toute la Morale, comment puis-je estre fort redeuable à vn homme dont les faueurs sont pleines de glu & de hameçons, ou qui n'a eu pour but en m'obligeant que de me rendre son creancier, establissant sur moy vne debte qu'il fait estat de pouuoir exiger quand bon luy semblera? La volonté & le dessein sont en cela plus considerables que la chose mesme. Ie sçauray tousiours bon gré à celuy qui m'aura fait vn outrage, si ie suis certain qu'il auoit intention de me gratifier. Et quand ie croiray le contraire d'vn autre, ses faueurs me seront odieuses à cause de leur mauuais principe, où ie trouueray mal-gré que i'en aye vn iuste sujet de ressentiment & de deplaisir. Iamais ie ne remercierois celuy qui m'auroit fait perdre la fievre quarte en me donnant le foüet, comme Seneque veut qu'il soit arriué à quelques-vns. Et l'on ne peut nier qu'vn coup d'espée ne soit capable de percer heureusement vne apostume mortelle sans obligation, à cause de la main ennemie qui

Lib. 6. de ben. cap. 8.

le porte. Que la Belette de l'A- *Phedrus lib. I. fab. 22.*
pologue represente donc tant
qu'elle voudra, pour sauuer sa
vie, le grand nombre de sourris
dont elle a purgé la maison, le
maistre du logis ne s'en fera que
rire, parce qu'il sçait bien que
la faim seule, & le desir de s'as-
souuir les luy a fait prendre. De
là vient que ceus qui ont eu le
plus d'inclination à la Beneficence (s'il est permis de faire re-
uiure ce mot en faueur du sujet
que nous traittons) se sont
tousiours efforcez de la faire
paroistre desinteressée, & de
la rendre telle en effet. L'Empereur Iulien nous dit du Phi- *Orat. 3.*
losophe Arcesilaus, que quand

il donnoit quelque chose, c'estoit tousiours sans se descouurir, s'il luy estoit possible, à celuy qui receuoit son bienfait. Vn autre Empereur fort bien nommé Gratian, rendoit toutes ses graces d'autant plus agreables, qu'en les distribuant il témoignoit de se vouloir simplement acquiter de ses debtes. Et i'ay leu dans la vie d'vn des premiers hommes de ce dernier siecle, que pour faire des presens plus purs, & par là beaucoup plus estimables, il feignoit presque tousiours de prester seulement, sous cette condition qu'on ne luy rendroit

De l'Ingratitude. 71
rien qu'alors qu'il redemanderoit. Ce font des preuues de noftre prefuppofition, que la nature du Bien-fait demande vne action qui fe porte toute au dehors, & qui ne reiallifle iamais fur celuy qui la fait pour y chercher fon auantage.

Mais encore que cette doctrine foit fort veritable, & que la reconnoiffance ne doiue iamais entrer en comte de la part de celuy qui oblige, ce n'eft pas à dire pourtant qu'il foit permis aus autres fur qui s'exercent les bien-faits de demeurer fans reffentiment, & fans fe mettre en deuoir de les reconnoiftre par tous les moyens qui leur feront possibles. Tant s'en faut, il n'y a point de vice plus odieus dans cette partie de la Pilosophie qui traitte des mœurs, ny qui ait esté generalement plus abominé par toutes les Nations de la Terre, que celuy de l'Ingratitude. Les animaux mesmes à qui nous denions l'vsage de la raison, ont eu honte, ce semble, d'estre mesconnoissans des plaisirs receus de qui que ce fust, & nous leur voyons pratiquer des actions de gratitude, qui doiuent seruir d'instruction à la pluspart des hommes. Cét oyseau Trochile, qu'on peut nommer le Curedent du Crocodile, reçoit de luy la pasture

De l'Ingratitude. 73

& la protection, en recompése des petits seruices qu'il luy fait; si l'on n'aime mieux croire Iean Leon, qui dit auoir veu de pe- *parte 8. dell'Aff.* tits oyseaux blancs de la grosseur d'vne Griue, sortir de la gueule de ce monstre du Nil, & qu'on l'asseura qu'ils auoient vne pointe en forme d'épine au dessus de la teste, qui contraignoit le Crocodile de tenir la bouche ouuerte, parce qu'il se sentoit picqué aussi-tost qu'il la pensoit fermer. Pline raporte *Lib. 10. nat. hist.* l'histoire d'vn Aigle, dont on *cap. 5.* honoroit encore la memoire de son tems dans cette ville de Seste, que la mort de Leandre a renduë si celebre. Vne fille du

lieu auoit pris plaifir à efleuer foigneufemēt ce veritable Roy de l'air, qui deuenu grand ne fe contenta pas de la recompenfer de fes chaffes continuelles dont il luy faifoit part, mais voulut mefme finir auecque fa Bienfaictrice lors qu'elle mourut, fe iettant, comme pour rendre fon bucher plus celebre, au milieu des flammes qui les confommerent tous deus. Le mefme Autheur dit des chofes encore plus merueilleufes de
Ib.c.74 quelques Serpens, qui tefmoignerent à leurs hoftes le reffentiment qu'ils auoient de la nourriture dont ils leur eftoient redeuables. Et perfonne n'igno-

re l'action du Lyon guery par cét esclaue fugitif Androde; ce qui m'empeschera de raporter les singularitez qu'on obserue tous les iours de la reconnoissance des Chiens, & d'autres animaux domestiques enuers ceus qui leur font du bien, puis que nous voyons comme les plus feroces ont tant de gratitude par les seuls mouuemés de la nature. Ie ne puis obmettre pourtant ce que i'ay leu quelque part de l'Esperuier, parce que si le conte en est veritable, ie le trouue le plus considerable de tous ceus qui se font sur le sujet que nous traittons. On veut que cét oyseau de proye

Aulu-Gelle l. 5. noct. Att. c. 14

fasse tous les soirs prouision d'vn petit moineau, pour luy eschauffer les Serres, durant les plus froides nuits de l'Hyuer; & qu'en recompense de ce bon office il luy rende le matin sa liberté, le laissant aller sans luy faire mal. Que si cela ne peut passer pour vne narration veritable, du moins doit-il estre consideré comme vne mythologie, aussi instructiue que pas vne de celles d'Esope. Ie me souuiens d'vne de ses fables ingenieuses, dont il faut que ie dise encore vn mot. Vn Pigeon apperçeut quelque Fourmy qui s'alloit noyer dans de l'eau, s'il ne luy eust ietté vne petite brāche qui luy donna le moyen de gagner le bord. Peu de tems apres la mesme Fourmy reconnut comme vn Oiseleur estoit prest d'attraper au piege le Pigeon qui luy auoit esté si secourable. Elle s'auise donc de mordre si à propos le pied de l'Oiseleur, qu'il fut contraint de se retourner, & de donner le loisir à l'innocente Colombe de se sauuer. Qui peut hesiter sur le sens de cét Apologue? capable de toucher l'ame si sensiblement en ce qui touche la reconnoissance des bien-faits receus, qu'il passe tous les raisonnemens de la Morale.

Et puis que la Philosophie

fabuleuse a tant de puissance sur nos esprits, voyons tout d'vn coup comme elle n'a pas esté moins ingenieuse à nous faire horreur du vice d'ingratitude, qu'à nous recommander la vertu qui luy est directement opposée. Chacun sçait ce que fit le Serpent eschappé par le Paysan, qui receut dans son sein tout le venin de cét ingrat dont il auoit eu compassion, & que tout le monde a depuis abominé. La Biche qui brouta le pampre de la vigne où elle s'estoit cachée, fut aussi-tost descouuerte par les Chasseurs, & son crime d'auoir offencé celle qui l'auoit protegée, n'éuita pas

De l'Ingratitude. 79

long-tems vne punition aussi iuste qu'exemplaire. Il y a des Paraboles semblables, beaucoup plus que ie n'en veus produire, me contentaut de remarquer qu'entre tous les animaux qui peuuent representer hieroglyphiquement le vice dont nous parlons, il ne s'en trouüe point de si propre que le Tete-Chevre ou *Caprimulgus* des Latins. Les Egyptiens se sont autrefois seruis pour cela du Pigeon, & de l'Hippopotame ou cheual marin. Et quand l'Espagnol dit, *cria coruo, y sacar te ha el ojo*, il semble adiouster le Corbeau au nombre des autres. Mais le Tette-Chevre est vne figure bien plus expresse de l'Ingratitude, si ce qu'Elien dit de luy est veritable, qu'apres auoir succé tout ce que les Chevres ont de laict, il les recompense, outre le dessechement entier de leurs mammelles qui tarissent pour tousiours, d'vn aueuglement parfait ou elles tôbent incontinent apres qu'il les a tettées.

Lib. 3. de anim cap. 39.

Or encore qu'il semble que le reproche d'estre ingrat conuienne proprement à ceus qui rendent le mal pour le bien, selon le sens moral & l'application qui peut estre faite de toutes ces fables: Si est-il vray pourtant qu'il y a plusieurs autres branches

De l'Ingratitude. 81

branches d'Ingratitude. Celuy qui ne rend pas la pareille à son Bienfaicteur lors qu'il le peut faire, est vn ingrat; & si nous n'auons pour le moins la reconnoissance interieure d'vn plaisir receu, il est certain que nous tombons dans l'infamie de ce crime. Comme l'on a trouué le cœur ouuert, & la main d'autruy prompte à obliger, il faut auoir la bouche ouuerte pour le publier, & l'ame disposée à s'en ressentir, mesme auecque vsure & à mesure comble, quand l'occasion s'en presentera. Les Graces sont peintes de sorte que pour vne qui nous tourne le dos, il y en a tousiours

F

deus qui nous regardent; ce qui veut dire, qu'vn plaisir bien placé en attire deus autres pour le moins en recompense, & que la recónoissance doit estre toûjours plus ample que le bienfait. L'Escriture Saincte nous a voulu sans doute faire vne belle leçon là dessus, quand elle a obserué que Salomon rendit de bien plus riches presens à la Reyne Saba qu'elle ne luy en auoit apporté, *Rex autem Salomon dedit Reginæ Saba cuncta quæ voluit, & quæ postulauit, & multò plura quàm attulerat ad eum.* Quiconque donne, passe vn contract de constitution auecque celuy qui re-

Lib. 2.
Paral.
cap. 9.

De l'Ingratitude. 83

çoit, encore que le premier ne pense à rien moins qu'à la reconnoissance qui oblige l'autre à perpetuité. *Nunquam magis nomina facio, quàm cum dono,* dit Seneque. Et ce fut pourquoy Socrate ne voulut iamais aller trouuer Archelaus, n'estant pas de condition à pouuoir reconnoistre les bien-faits d'vn Prince. Le compliment de ce Romain qui auoit obtenu d'Auguste la vie pour son pere, est aussi fondé là dessus. Il dit à ce grand Empereur, que dans le ressentiment de ce qui estoit deu à sa bonté, il estoit neantmoins contraint de luy auoüer qu'il receuoit vne iniu-

Lib. de vit. Bea. cap. 24.

Sen. l.2. de ben. cap. 25.

F ij

re tres-preſſante, de ſe voir reduit à la neceſſité de viure & de mourir ingrat en ſon endroit.

Ioignons encore à ces paroles celles que profera le Pape Iules troiſiéme, auſſi-toſt qu'il fut eſleué au Pontificat, puis qu'elles donnent dans la meſme penſée. Il proteſta que la ioye qu'il reſſentoit de ſon exaltatiõ ſur vn thrône ſi eſleué, receuoit beaucoup de trouble dãs ſon eſprit, preuoyant la perte preſque ineuitable de pluſieurs de ſes anciens amis, dautant qu'il luy ſeroit impoſſible de leur faire à tous des graces proportionnées à leurs merites & à ce qu'il leur deuoit.

Fed. Bor. rom. tr. della gr. Dei Pr.

De l'Ingratitude. 85

Quoy faut-il donc conclure là dessus, que ceus qui n'auront pas assez de fortune pour s'acquiter solidement & auec effet des obligations reçeuës, ne pourront iamais satisfaire à leur debte, ny se mettre à couuert du blasme qui suit les ingrats? Nenny certes. Les Loix du deuoir ne sont pas si rigoureuses icy, qu'où il est question d'vn remboursement de deniers pris à interest. En beaucoup d'endroits la constitution des douze Tables est encore obseruée auiourd'huy, *qui non potest in aëre, luat in corpore.* La Moscovie & la pluspart des Indes Orientales veulent, que le debi-

F iij

teur insoluable deuienne esclaue de son creancier. Et aus lieus mesmes où la Iustice s'exerce auecque moins de rigueur, *vbi suffundere maluit hominis sanguinem, quàm effundere*, comme parle Tertulien; il faut payer en deniers contans ce qu'on doit, ou faire vne honteuse banqueroute. Mais ce n'est pas de mesme des obligations contractées moralement, qui sont celles dont nous parlons. Le plus pauure homme du monde, dit Ciceron, se peut acquiter des plus grandes debtes de cette nature par vne gratitude interieure, *etiam si referre gratiam non potest, habere certe po-*

in Apol.

Lib. 2. in offic.

teſt. Et quoy que des paroles ſoient fort peu de choſe pour reſpondre à des effets, elles doiuent icy pourtant tenir lieu de ſatisfaction enuers les hommes, puis que Dieu meſme s'en contente, & qu'vne recõnoiſſance cordiale de ce que nous luy deuons eſt auſſi bien meritoire que la meilleure de nos œuures. Il y a bien plus. L'obligation receuë peut eſtre ſi grãde, qu'il ne ſe trouue point de richeſſes capables de l'acquiter, & il faut neceſſairemẽt auoir recours à la bõne volonté, qui ſeule poſſede le moyen, cõme infinie qu'elle eſt, de payer vne debte de mé-me nature. Ce ſeroit d'ailleurs

E iiij

vne chose estrange, s'il estoit au pouuoir de la Fortune de me noircir d'vn crime pire que tou-

Sen.l.6. de ben. cap. 13.

te sorte d'iniustice, *ingratus sum, non solum iniustus*; & s'il faloit que ie mendiasse la permission de cette Deesse aueugle pour estre reconnoissant. Tant s'en faut que ie depende d'elle pour cela, qu'au mesme tems que i'ay receu vn bien-fait auec gratitude interieure, si les maximes des Stoïciens ne nous trompent, i'en suis quitte, & ie ne puis plus estre nommé in-

Id.l.1.c. 1. & l. 2. cap. 31.

grat, *Beneficium reddidit, qui libenter debet, qui libenter accepit*. Les autres Vertus consistent en l'action, celle-cy se termine assez souuent dans vne simple operation de la volonté. Et comme vn Orateur ne pert pas son eloquence pour se taire, ny vn Artisan son industrie par le defaut des instrumens propres à son mestier; nous ne tombons pas non plus dans l'ingratitude, encore que les moyens exterieurs nous manquent de faire paroistre nostre ressentiment. Que dirons nous s'il arriue par fois qu'en rendant la pareille d'vn bien-fait que nous auons receu, nous ne laissons pas de demeurer ingrats, par le defaut du cœur pluftoft que de la main; veu que, comme nous venons de dire, il y en a qui tout au rebours sont reconnoissans, encore qu'apparemment ils ne fassent rien du tout, *Sæpe enim & qui gratiam retulit, ingratus est, & qui non retulit, gratus*. Cela depend d'vn autre principe, qui veut qu'on apporte la mesme promptitude d'esprit, & la mesme affection à rendre vne grace qui nous a esté faite, que l'auoit celuy de qui nous la tenons. C'est pourquoy ceus qui font plaisir s'efforcent ordinairement de tesmoigner qu'ils s'y portent auec beaucoup d'inclination. En effet les choses n'obligent qu'auec cette proportion, & l'on peut dire qu'il n'y a que le

Id. li. 4. cap. 21.

De l'Ingratitude. 91

cœur qui les mesure, *Eo animo quidque debetur, quo datur; nec quantum sit, sed à quali profectum voluntate perpenditur.* Ie suis contraint de me seruir souuent de la langue Latine sur ce sujet, parce qu'elle a des termes infiniment plus propres que la nostre, & qui sont si expressifs, que Seneque, de qui i'emprunte la meilleure partie de ce raisonnement, le fonde principalement sur l'ancien vsage de la mesme Langue, qui ne souffroit pas qu'on dist *gratiam reddere*, mais bien *gratiam referre. Mira*, adiouste-t'il là dessus, *in quibusdam rebus verborum proprietas est, & consuetu-*

Id. Ep. 81.

do sermonis antiqui. Referre, est vltro quod debeas afferre. Ce que nous pouuons dire icy de vray & d'intelligible en François, c'est que nous sommes tousiours assez riches pour nous acquitter des debtes dont nous traittons, si nous auons l'ame reconnoissante au point qu'elle doit l'estre.

L'on dit neantmoins qu'il y a des bien-faits de telle nature, qu'ils rendent d'eus-mesmes ingrat celuy qui les reçoit. Cela arriue lors qu'ils sont si grands qu'on pert toute esperance d'y pouuoir satisfaire, ce qui cause vn certain deplaisir, qui n'est gueres sans quelque auersion de ceus à qui l'on est redeuable. Tacite l'a fort bien remarqué au quatriéme Liure de ses Annales en ces termes, *Beneficia vsque eò lata sunt, dum videntur posse exolui; vbi multum ante venere, pro gratia odium rependitur.* Certes l'homme est vn animal merueilleusement enclin à l'ingratitude, puis que les mesmes choses qui l'obligent le plus à la reconnoissance, operent si diuersement sur son esprit, & font des effets si contraires. Ie sçay bien qu'Aristote, apres auoir monstré qu'il y a plus de vertu à obliger qu'à estre obligé, obserue qu'vn homme d'humeur liberale ne reçoit pa

Lib. 4.
Ethic.
Nic.

volontiers les bien-faits des autres, parce qu'il a honte de se voir de la pire condition, luy qui est accoustumé à posseder la meilleure. Et le mot de Chilon, que qui preste n'est pas loin du repentir, auec la Paraphrase qu'y adiouste Epicharme dans Clement Alexandrin, à quoy se rapporte le prouerbe Alleman, *Borgen macht sorgen,* prester engendre soucy ; font bien voir, qu'il n'y a rien de plus attaché à nostre humanité, que ce defaut ordinaire qui nous rend mesconnoissans vers ceus qui nous ont fait du bien. Il se trouue des personnes, dit Seneque dãs l'vne de ses Epistres,

EP. 19.

De l'Ingratitude. 95
qui haïssent d'autant plus qu'on les oblige, *Quidam quo plus debent, magis oderunt. Laue aes alienum debitorem facit, graue inimicum.* Tel vous regarde d'vn mauuais œil parce qu'il est vostre debiteur, qui auroit de la tendresse pour vous sans cela. S'il estoit possible de pallier en quelque façon (ie n'oserois dire excuser) vn si grand crime, ce seroit sans doute sur le pretexte de cette mesme honte dont nous venons de parler, qui touche & iette dans la confusion vne ame genereuse, lors qu'elle desespere de se pouuoir iamais descharger d'vne debte excessiue. Car si la Grace que i'ay re-

ceuë est telle, que ie ne m'en puisse souuenir sans confusion, & sans que le sang me monte au visage, elle m'incommode pour le moins si elle ne me tient lieu d'iniure, *Beneficium non est, cuius sine rubore meminisse non possum.* Voila les fausses couuertutes dont se seruent les ingrats, pour ne laisser pas tout à nud leur turpitude. Mais il s'en faut bien que la vraye morale reçoiue de semblables excuses. Tant s'en faut, elle nous apprent que la recónoissance doit tousiours exceder le bien-fait, quelque grand qu'il soit. C'est vn trait d'ingenuité & de bonté de nature, dit Ciceron, de ne se sentir

Sen. l.2. de ben. cap. 8.

se sentir iamais si obligé à vn amy, que tres-volontiers vous ne luy soyez encore plus redeuable. De là vient le gentil compliment que fait Pline le ieune à son amy Priscus. Comme ie ne scay personne, luy escrit-il, qui recherche plus soigneusement que vous les occasions de me faire plaisir, aussi vous puis-je asseurer que vous estes l'homme du monde à qui ie demeure redeuable le plus librement, & auec le moins de cette repugnance d'esprit que ie pourrois auoir pour d'autres, à qui peut-estre il me fascheroit d'estre si fort obligé. Cependant, quoy que toute l'Ethique, qui est

Lib. 2. Ep. 13.

G

pleine d'vne si grande diuersité d'opinions, soit d'accord en ce poinct, & que toutes les Nations de la terre conuiennent dans vn mesme sentiment, que rien ne nous peut suffisamment excuser si nous manquons d'estre reconoissans vers nos bienfaicteurs; c'est vne chose estrange, qu'il se trouue des Ames destraquées qui fondent leur ingratitude sur ce mauuais pretexte, qu'elles ne sçauroient auoir assez de gratitude, & qui pensent ne rien deuoir parce que leur debte est par trop immense. A ce comte c'est l'vne des plus mauuaises actions qu'on puisse faire que d'obliger extremement, puis que les plaisirs deuiennent odieux s'ils font grãds. *Prima causa est, cur quis ingratus sit, si gratus esse non potuit. Eo perductus est furor, vt perniciosa res sit, beneficia in aliquem magna conferre. Nam quia putat turpe non reddere, non vult esse cui reddat.* ^{Senec. Ep. 81.} C'est le grand maistre de la Morale qui parle encore ainsi, & que ie ne me puis lasser de suiure.

S'il estoit vray que la Beneficence peust produire la haine de cette façon, & qu'vne si belle mere fust capable d'engendrer vn enfant si difforme, il ne faudroit pas s'estonner de l'hu-

G ij

meur de ceus, qui se rencontrent par fois trop difficiles à souffrir ce que leurs amis veulent faire pour eus. Car comme il y a des personnes qui sont toûjours prestes à receuoir, soit par humilité, à cause qu'il y a plus d'honneur à presenter qu'à prédre, ce qui fait qu'ils ne rendent rien fuyant les vanitez du monde; soit par mortification, parce que Dieu mesme prononce aus Actes des Apostres, que ceus qui donnent sont plus heureus que ceus qui acceptent, *Beatius est dare, quàm accipere*: Il s'en trouue d'autres d'vn naturel si contraire, qu'ils ont de l'auersion contre les bien-faits de

Cap. 20.
art. 35.

De l'Ingratitude.

ceus mémes qui les leur offrent auec le plus de franchife & de cordialité. Ce refus pourtant n'eft pas feulement condamnable parce qu'il defoblige, il l'eft à caufe de l'ingratitude qui l'accompagne ordinairement, & dont vous ne fcauriez le defendre. Car encore que la Loy de Paulus dife qu'on ne fcauroit faire plaifir à vn homme en depit qu'il en ait, *inuito beneficium non datur*, fi eft-il vray pourtant que l'intention de celuy qui vous veut obliger eft meritoire, & que fouuent c'eft l'offencer de ne pas acquiefcer au defir qu'il a de vous gratifier, en quoy vous luy rendez manife-

Lib. 69. ff. de regul. iur.

stement le mal pour le bien. C'est pour cela qu'Aristote veut qu'on s'esloigne autant qu'il sera possible de cette deplaisante façon que quelques-vns ont, de reietter auec trop d'austerité les offres de leurs amis. Et par effet si l'on y prent bien garde, l'on s'apperceura aisément qu'il n'y a pas moins de generosité ny de force d'esprit par fois à receuoir vne faueur, qu'à la faire. Ie sçay bien qu'il ne faut pas prendre de toute main, non plus que donner à toutes mains; Et que quãd les anciens ont voulu que Mercure fust le conducteur des graces, ç'a esté autant pour nous apprendre à les recueillir auec

Lib. 9. eth. Nic. cap. 11.

discretion, qu'à les dispenser auec iugement. Mais nous parlons icy contre ceus qui sont si difficiles, qu'on les peut nommer desraisonnables. Et nous maintenons seulement que de refuser vn present mal à propos, c'est vn defaut pareil à celuy de le donner imprudemment. La plufpart du tems nous ne sçauons faire ny l'vn ny l'autre, *Beneficia nec dare scimus, nec accipere.* Comme l'acceptation auec franchise fait la premiere partie de la reconnoissance, le refus trop austere est vne espece d'ingratitude. Si celuy qui me veut du bien, tesmoigne dans son offre vn grand de-

Lib. 1. de ben. cap. 1.

G iiij

sir de m'obliger, ie ne feray pas moins paroiſtre de promptitude à receuoir, que luy à donner. Ie m'accommoderay à ſon ſouhait, & pour luy complaire quand i'aurois quelque repugnance ſecrette à ſon preſent, ie la ſurmonteray, me rendant vn ſujet propre à l'exercice de ſa Liberalité, & comme vne matiere diſpoſée à receuoir la forme de ſon bien-fait; *Accipiam tam libenter, quàm dabitur, & præbebo me amico meo exercendæ bonitatis ſuæ capacem materiam.* Sa bonne volonté, & l'honneur qu'il me fait de m'aimer, veulent que i'vſe de cette deference en ſon endroit,

Lib. 4. cap. vlt.

De l'Ingratitude. 105
si ie ne veus faire l'action d'vn ingrat.

Ce n'est pas vne marque de moindre mesconnoissance, quand nous nous empressons par trop derendre, & de sortir d'obligation. Celuy qui a des soins extraordinaires & pleins d'impatience pour cela, monstre qu'il voudroit bien ne rien deuoir, & baille vn iuste sujet de croire que la grace qu'on luy a faite, n'a pas esté receuë comme elle deuoit. Ainsi, au lieu que dans les debtes pecuniaires c'est estre en reste selon Vlpian que d'estre en demeure, & de payer plus tard que le terme dont on a conuenu, *Minus so-* Lib. 12. de verb. sign.

luit, qui tardius soluit, nam & tempore minus soluitur : Il se trouue qu'en matiere de bienfaits c'est tout le contraire, & que pour se bien acquitter il ne faut pas estre si soigneus de rendre. Quand on fait voir de l'impatience à tirer sa reuâche d'vn plaisir receu, l'on descouure au mesme tems le dessein qu'on a d'effacer ce mesme plaisir, vsant vistement de compensation pour demeurer quitte, *Munus munere expungendo* ; & il y a de l'apparence qu'il feroit mauuais deuoir à vn homme de cette humeur, qui feroit sans doute vn fort rigoureus creancier, *Quomodò exigeres, qui sic red-*

Sen.l.6.
de ben.
cap. 40

De l'Ingratitude. 107
dis? Veritablement ce n'eſt pas rendre la pareille que d'obliger vne perſonne à reprendre, lors qu'on ne l'a poſſible pas agreable, vne faueur qui ne vous a eſté faite qu'à propos, & que vous n'auez receuë que de voſtre bon gré. Les Loix de la gratitude ſont bien differentes de celles d'vne place de Change, où l'on ne ſçauroit eſtre trop ponctuel. C'eſt vne preuue d'amitié d'eſtre redeuable de bon cœur; & celuy qui ne doit pas de la ſorte eſt vn ingrat. O que l'ambition a grande part ſouuent dans des recompenſes ſi precipitées!

C'eſt tout le contraire de

ceus qui rendent ou tard, ou à demy, & si mal volontiers, que leur reconnoissance a toutes les marques d'vne parfaite ingratitude. En matiere de Bien-faits, si l'on ne s'acquitte que par la crainte de passer pour vn ingrat, c'est estre bien auant dans le vice dont on apprehende l'infamie. Il faut prendre plaisir à payer cette sorte de debte, pour en meriter la remise. *Gratus sum non quia expedit, sed quia iuuat.* Nous deuons d'ailleurs imiter le cours de la Nature, en ce que nous voyons tous les iours que pour vn grain de bled que nous respandons sur la campagne, elle nous en rend

Sen.Ep. 81.

De l'Ingratitude.

vn nombre qui paſſe toute ſorte d'vſure. Le Soleil renuoye les exhalaiſons à la terre beaucoup plus fecondes qu'elle ne les luy auoit communiquées. Combien y en a-t'il qui tout au rebours ne donnent que de la paſte pour de veritables hecatombes ? & qui penſent contenter Mercure de noyaux & de coquilles, apres auoir receu les fruits tous entiers de ſa main? Car quant à ceus qui ne ſatisfont que le plus tard qu'ils peuuent, ils monſtrent bien par leurs remiſes qu'ils ſe diſpenſeroient librement d'en venir là, s'ils ne craignoient le reproche qu'ils n'eſuitent pas tout à fait.

Rendre vn bien-fait quand on est prest de sortir du monde, c'est souuent s'acquitter aus dépens d'autruy, & distribuer ce qui n'est presque plus à nous. Le pis est, si ceus à qui l'on rend ne se peuuent plus preualoir de ce qu'ils retirent, parce qu'on les a trop fait attendre. La plus-part des Grands vsent de cette iniustice enuers leurs inferieurs, qu'ils laissent vieillir presque sans agrément. Il semble que ces demy-Dieux vueillēt imiter le Tout-Puissant, qui ne nous recompense solidement qu'apres nostre mort. Et n'est-ce pas estre mort au monde, que d'y estre vieil, & de n'y pouuoir

De l'Ingratitude.

plus rien esperer que l'incommodité des longues années ? Tant de conditions requises pour se bien acquitter d'vne Grace receuë, firent dire aus Stoïciens qu'il n'y auoit que leur Sage seul qui les sçeust obseruer.

Mais que dirons-nous de certains hommes qui n'vsent iamais d'aucune reconnoissance, comme si tout le genre humain leur deuoit quelque hommage, & qu'ils ne fussent obligez à rien? Quelqu'vn n'a pas mal rencontré de dire, qu'il faisoit fort bon leur faire plaisir, parce qu'on est asseuré qu'ils en demeureront eternellement obligez. C'est l'espece d'ingratitude la plus ordinaire de toutes, que l'on deteste par tout, & qui neantmoins n'est punie en pas vn lieu. Les Atheniens pourtant, si nous en croyons Valere Maxime, permettoient qu'on poursuiuist en Iustice les coupables de ce crime, ce que Xenophon nie dans le second Liure des propos memorables de Socrate. Et les Perses, dit Themistius dans vne de ses Oraisons, auoient establi quelque peine contr'eus, que i'ay leu ailleurs auoir esté la marque d'vn fer chaud. Cela me fait estonner que Seneque ait osé escrire, que hors les Macedoniens personne n'auoit

Lib. 5. cap. 3.

Orat. 3.

De l'Ingratitude. 113

n'auoit iamais permis l'action en Iustice contre les ingrats. Ie sçay bien qu'il y en a qui lisent les Medes pour les Macedoniens en ce lieu là. Mais c'est contre la foy de tous les manuscrits, & le trait de Philippes de Macedoine, quand il fit stigmatiser le front d'vn soldat ingrat enuers son hoste, fait beaucoup pour le texte ordinaire. Seneque excuse ailleurs les Romains & toutes les autres Nations qui n'auoient point fait de Loix contre les ingrats, sur ce que celles de la nature semblent suffisantes pour cela, comme pour ordonner l'amour des enfans, & le respect qu'on doit aus

H

Peres ; ce qui empefcha quelques Legiflateurs de mettre des peines dans leurs Conftitutions contre les Parricides. Sans mentir l'inftinct naturel deuroit fuffire en des chofes où il eft fi exprez & fi violent. Mais quoy, il fe trouue au fujet que nous traittons autant ou plus d'hommes defnaturez que d'autres. Et comme Pline affeure, fur le tefmoignage de Ciceron, qu'il y a des terres qui fe fechent & deuiennent arides d'autant plus qu'elles font abreuuées, telles que font celles du territoire de Narny dans l'ancienne Vmbrie ou Duché de Spolette d'auiourd'huy, que les pluyes ont ac-

Lib. 31. nat. hift. cap. 4.

De l'Ingratitude. 115

couſtumé de reduire en poudre: Nous voyons des perſonnes dont l'Ingratitude croiſt à proportion des bien-faits, & à qui le reſſentiment diminuë à meſure que vous les obligez. Certes pour en parler Chreſtiennement entre tous les pechez qui ſe commetent contre le ſainct Eſprit, celuy de l'Ingratitude eſt indubitablement des plus grands. Et ie trouue que ſainct Auguſtin a eu raiſon de la conſiderer comme vn vent qui deſſeche tous les ruiſſeaux des graces diuines.

Ariſtote interrogé ſur la choſe du monde qu'il croyoit la plus ſujete à caducité, & qui *Diog. Laërt. in eius vita.*

H ij

vieillissoit le plus aisément, respondit que c'estoit indubitablement vn Bien-fait. L'iniure ressentie, dit-on, se graue sur du metal; vne grace receuë s'escrit dessus l'onde & s'esuanoüit aussi-tost. Cela vient de ce qu'on n'aime ordinairement la liberalité que future, & de ce qu'à son esgard on ne met gueres le receu en ligne de comte, *Nemo beneficia in Calendario scribit.* Seneque, qui vse de cette façon de parler en quelque endroit, tient ailleurs, que de toutes les sortes d'Ingratitude la plus extreme est celle de l'oubly, & que celuy qui ne se souuient pas seulement qu'on luy a

Sen. l. 1. de ben. cap. 2.

Lib. 3. cap. 1.

De l'Ingratitude.

fait plaisir, est le plus vicieus ingrat de tous ceus dont nous auons iusques-icy examiné la turpitude. Pour moy ie pense qu'il y en a d'vn degré encore plus criminel, & que quand on rend le mal pour le bien, ce qui n'arriue que trop souuent, l'on tombe dans la plus abominable Ingratitude qui se puisse trouuer. Aussi voyons nous que Salomon menace dans ses Prouerbes d'vne peine eternelle celuy qui s'en trouuera coupable, *Qui reddidit mala pro bonis, non recedet malum à domo eius.* Cap. 17. Ce n'est pas que cela n'arriue quelquefois par vne ignorance qui peut tenir lieu d'excuse. Outre que nous faisons assez ordinairement des actions qui desplaisent à d'autres contre nostre intention; on peut estre obligé à quelqu'vn sans le sçauoir, & prendre ses meilleurs offices pour des iniures, comme quãd le Prophete Balaam exceda de coups de baston iusques à la troisiéme fois l'asnesse qui luy rendoit vn tres-signalé seruice. Mais lors qu'on afflige sciemment ses Bien-faicteurs, qu'on ruine comme le lierre ce qui a seruy d'appuy, & qu'on fait perir ceus à qui l'on est redeuable de sa conseruation; c'est à l'heure qu'on encourt la malediction diuine, & que toute autre peine cessant, l'on ne peut euiter les reproches d'vne conscience bourelée, *Crimen ingrati animi non suppliciis coercetur, sed furiis permittitur.* Cependant le nombre de ces derniers Ingrats est presque infiny. Combien en sçauons nous qui ne voient rien si mal volontiers que les Autheurs de leur bonne fortune? *Quo plus debent, magis oderunt.* Et parce qu'ils ont honte d'estre redeuables non seulement sans reconnoissance, mais mesme auec infidelité, ils tombent dãs vne haine la plus mortelle, & la plus implacable de toutes au iugement de Seneque, *Nullum est odium perni-* Ep 81.

ciosius, quàm ex beneficij violati pudore. Cardan remarque au troisiéme Liure de la consolation, que les plus grandes assistances qu'il eust receuës en sa vie, luy estoient venuës de la part de ceus qui ne luy auoient nulle sorte d'obligation ; & qu'au contraire les Autheurs de toutes les persecutions qu'il auoit souffertes estoiét ses plus proches, & ceus dont il croyoit auoir le mieus merité par ses bons offices. Ie ne sçaurois m'empescher d'adiouster mon tesmoignage à celuy de Cardan, & de reconnoistre icy que comme ie me sens infiniment redeuable à beaucoup de per-

De l'Ingratitude. 121

sonnes qui m'ont rendu des tesmoignagnes d'affection bien au de là de ce peu que ie vaux, & presque tousiours inesperément ; aussi ne m'est-il point arriué de recueillir les fruits d'amitié que ie pouuois me promettre de ceus, dont ie m'estois pené d'acquerir la bienveillance auec le plus de zele & d'attention, ce que i'ay tousiours mis au rang de mes principales disgraces. Que peut-on faire de mieus à cela, que d'acquiescer à ses Destinées, dont le Ciel dispose comme il luy plaist ? Valere Maxime a dressé vn cha- Lib. 5. pitre entier des Ingrats dont cap. 3. nous nous plaignons; mais il n'y a point de volume qui peuſt comprendre les exemples illuſtres que noſtre ſiecle ſeul en pourroit fournir. C'eſt le train ordinaire du monde, pour ne plus parler de ſa corruption, qui le porte ainſi. Touſiours les arbres fruictiers ſeront ſujets à cette diſgrace, d'auoir leurs branches rompuës en recompenſe des belles colations qu'ils nous fourniſſent. Le chant incomparable du Roſſignol, & ſes melodieuſes ſerenades, luy cauſeront eternellement la perte ineſtimable de ſa liberté. Et les viues couleurs dont le Paon recrée noſtre veuë, ne ceſſeront iamais de luy faire arracher les

De l'Ingratitude. 123

plumes, & de le rendre vn Roy despoüillé. Ceus qui croyent estre tousiours reconnus auec gratitude, sans s'attendre à receuoir par fois le mal pour le bien, n'ont pas encore fait les reflexions necessaires sur tous les ordres de la nature, où ils peuuent prendre tant de leçons propres à les desabuser.

La laideur du vice que nous exaggerons, a donné lieu à cette question de Morale, s'il est permis de reprocher à vn ingrat le bien-fait qu'il a receu de nous. Car outre qu'il semble qu'on ne sçauroit trop maltraiter vn homme coupable de ce crime, & qu'il importe au public d'en rendre l'infamie si odieuse en la manifestât, qu'elle fasse peur à tout le monde: L'on peut encore mettre en consideration la satisfaction de celuy, qui pour tout ressentiment se contente d'vn iuste reproche,

Ouid. Ep.Med. Iaf.
Est aliqua ingrato vitium exprobrare voluptas.

Mais s'il n'est pas loisible de songer tant soit peu à la reconnoissance lors que nous faisons quelque grace, comme nous l'auons fait voir dés le commencement de ce discours; & si celuy-là merite d'estre trompé qui a eu pour lors la moindre pensée d'estre recompensé,

sen. l. 1. de ben. cap. 1.
Dignus est decipi, qui de reci-

piendo cogitauit, cum daret; quelle apparence y auroit-il, de permettre qu'on se souuint long-temps apres d'vne action qui doit estre si pure & si desintereßée ? Quiconque vse de reproche en cecy, n'est pas loin de la repentance, qui oste toute obligation. Et l'on doit tenir pour constant en matiere de bien-faits, qu'aussi-tost qu'ils sont redemandés ils se perdent, *perit gratia si reposcitur.* La gratitude au contraire a cela de commun auec la gloire, que comme celle-cy fuit ceus qui la fuyent, l'autre nous vient trouuer lors que nous y pensons le moins. Ie ne veus point faire valoir là dessus ce qu'Aristote a obserué, qu'en beaucoup de cas l'on n'est pas obligé de rendre les courtoisies telles qu'on les a receuës, ce qui monstre bien qu'elles ne sont pas toutes reprochables. Mais ie maintiens que generalement parlant il n'y a rien dont les graces ayent tant d'auersion, ny qui leur soit si contraire, que la violence & la contestation, qui accompagnent necessairement le reproche. Ne les a-t'on pas tousiours representées d'vn visage riant, & auec des robes desceintes, pour faire comprendre combien elles sont ennemies de toute sorte de plainte,

De l'Ingratitude. 127

& le deplaisir qu'elles souffrent autant de fois qu'on les pense contraindre? En verité ce Pape eut bonne grace dans la response qu'il fit à vn Cardinal, qui le pressoit de luy accorder quelque chose par la consideration de ce qu'il estoit celuy qui auoit le plus contribué à son election: Laissez moy donc estre Pape, & ne m'ostez pas auec tant d'importunité ce que vous m'auez donné. Par effet il n'y a rien souuent de plus fascheus, pour ne pas dire de plus iniuste, que ces grands reprocheurs de bien-faits, *Isti importuni benefi-ciorum suorum quadruplatores,* comme les nomme Seneque, Lib. 7. de ben. cap. 25.

qui tesmoignent bien qu'ils n'ont iamais semé que pour recueillir; faisant voir de plus vn defaut de iugement non pareil.

M. de Cerisiers dãs son Ionathas p. 227. Car pour me seruir de la pensée d'vn des hommes de ce temps, qui a sçeu le mieux conioindre la beauté de nostre langue auec vne rare & solide doctrine, au mesme tems qu'ils accusent les autres d'Ingratitude, ne se condamnent-ils pas eus-mesmes d'imprudence, pour auoir si mal placé leur bien-fait? Et lequel de ces deus vices peut estre dit le plus tolerable, si le premier destruit la bonne volonté, & le second le bon iugement?

C'est vne autre question qui se presente

De l'Ingratitude. 129

se presente en suite, si nous deuons du moins cesser de faire du bien à vn ingrat, encore que nous ne luy donnions à connoistre aucun ressentiment de son mauuais procedé en nostre endroit. Car parce que Dieu & la Nature ne font rien en vain, selon l'axiome commun de la Philosophie, il se trouue des personnes si desireuses de les imiter, qu'elles n'obligent iamais gratuitement. Le prouerbe Grec dont s'est souuenu Aristote, & qui porte qu'il ne faut iamais faire plasir à vn vieillard, semble seconder leur opinion, parce qu'outre la dureté ordinaire d'vn homme d'âge, il

Lib. 1. Rhet. c. vlt.

I

est si prés de sa fin, qu'il n'y a pas grande apparence de receuoir iamais de luy la pareille. Vn vers de Phocylide fait aussi passer pour deus actions esgales, de semer dans la mer, & de fauoriser vn méchant, tel que l'est tousiours vn Ingrat.

Μὴ κακὸν εὐέξης, σπείρειν ἴσον ἐς' ἐνὶ πόντῳ.

In malum ne confer beneficium, idem est ac seminare in Ponto.

Et le bon homme Ennius met au rang des mesfaits, ou des mauuaises actions, les bien-faits mal distribuez,

Benefacta male locata, malefacta arbitror.

L'on peut adiouster que c'est

donner lieu au mal, bailler de beaux habits à vn fou qui les deschirera, & prouoquer en quelque façon le vice, de gratifier vn mesconnoissant, que vous estes asseuré qui vsera tresmal de la grace que vous luy faites. Il faut bien s'empescher pourtant de suiure de si dangereuses maximes. Les meilleures portent que nous imiterons beaucoup mieux l'ordre de la Nature, & les dispositions de Dieu, si nous ne nous lassons point de faire du bien à ceus mesmes qui nous en sçauent le moins de gré, & qui en sont le moins dignes. Ce principe de toute bonté ne rend-il pas la

Oresti pallium texere.

mer calme aus Pirates, de mesme qu'aus plus innocens des hommes? Le Ciel n'enuoye-t'il pas les mesmes influences, & les mesmes pluyes sur la terre des méchans, que sur celle des iustes? Et le Soleil n'esclaire-t'il pas le Voleur aussi bien que le Marchand, dans toute l'estenduë de sa course? Tant s'en faut que la main du Tout-Puissant se racourcisse sur le sacrilege & sur l'impie, que souuent il leur multiplie ses graces, afin de donner mieux à connoistre l'excellence de sa nature, & l'immensité de sa bonté. Il n'y a que ses foudres qu'il lance sur de certaines testes, n'en voulant pas

De l'Ingratitude.

escraser les gens de Vertu. Pour ses faueurs elles sont communes à tous, & les plus scelerats y trouuent par fois le sujet de leur conuersion. Imitons sa perseuerance, & continuõs à combler de bien-faits vn ingrat, iusques à ce que nous l'ayons rendu reconnoissant. Qui est le Laboureur qui voudroit auoir discontinué son trauail rustique, & qui ne tasche au contraire de vaincre la sterilité de son champ par vne bonne & reiterée culture, nonobstant les mauuaises recoltes, *Et post malam segetem serendum est.* De verité les plaisirs reconnus auec gratitude donnent bien plus de contentement à celuy qui les a faits ; mais ceus qui ne font payez que d'Ingratitude sont en recompense bien plus éclatans, *Plin.ep. liberalitatē iucundiorem debitor gratus, clariorem ingratus facit.* Ne laissons donc pas d'vser de beneficence iusques à l'endroit des desnaturez, qui sont sans doute les ingrats ; & faisons s'il est possible que la disgrace mesme & le malheur de nostre action si mal receuë nous plaise, *Sen.l.7. de ben. cap.26. Beneficij nostri etiam infelicitas placeat*, puis qu'elle part d'vn principe du tout independant de l'euenement, & qu'vn accident tel que celuy-là, ne peut pas changer sa nature.

De l'Ingratitude. 135

Pour preuue du peu d'apparence qu'il y a de s'abstenir de bien faire, à cause de la mesconnoissance ordinaire des hommes, il n'est besoin que de ietter les yeux sur la charité de ces peuples qui ont tant d'humanité pour les bestes, qu'elle excede souuent celle que nous auõs icy pour nos semblables. Il se trouue des personnes dans l'Inde Orientale qui croyent faire vne chose fort agreable au Ciel de porter aus fourmis & aus oyseaux de la cãpagne de l'eau sucrée, pour estancher plus agreablement leur soif. L'on voit dans Cambaie vn Hospital fõdé pour guerir les mesmes

Metellus præf. ad hist. Osorij.

I iiij

oyseaux malades, à qui l'on rend la liberté aussi-tost qu'ils ont recouuré leur santé. L'impieté Musulmane n'empesche pas les Turcs de faire des legs testamentaires en faueur des chiens & d'assez d'autres animaux, sur qui nos Marchands leur voyent exercer tous les iours dans le Caire & dans Constantinople des charitez merueilleuses. Mais les Chinois passent tous les autres en cela, si nos Relations sont veritables, qui leur font acheter tres-cherement de petits moineaux, pour les tirer de captiuité, & les mettre dans leur liberté naturelle. Leur Morale est surtout

De l'Ingratitude.

remarquable au sujet que nous traittons, & pour monstrer qu'vne vraye liberalité est toûjours destachée de tout interest, & ne considere iamais la reconnoissance. Car encore qu'ils ne puissent esperer des bestes brutes la gratitude qu'ils pourroient attendre des hommes raisonnables, si est-ce qu'il n'y a pas vn Hospital dans toute la Chine pour les hommes, & il s'en rencontre vne infinité pour toute sorte d'animaux. Ils se fondent, dit Herrera, sur l'auantage que nous auons du costé de l'esprit, qui fait que nous ne pouuons tomber en necessité que par nostre negligence, *Hist. de la Chine.*

ou par vn iuste chastiment de Dieu auquel ils ne veulent pas resister. Pour les bestes, leur innocence fait qu'ils les iugent vn plus digne objet de Charité ; ce qui est cause qu'ils en vsent vers elles comme nous venons de dire sans esperance de retour, & sans se rebutter par la consideration d'vne Ingratitude toute certaine. Certes voila d'estrãges raisonnemens, capables pourtant de nous faire comprendre l'independence d'vne vraye & genereuse beneficẽce.

L'on demande s'il est possible que quelqu'vn soit ingrat enuers soy-mesme ; parce que si nous sommes capables de nous

De l'Ingratitude. 139
faire quelque bien-fait, il est aisé de conclure que la reconnoissance en est deuë, & par consequent que chacun peut estre ingrat enuers soy aussi bien qu'enuers vn autre. Or est-il que nos façons de parler ordinaires semblent tesmoigner qu'vne personne se fait assez souuent plaisir à elle-mesme. Car nous disons à toute heure, Ie ne sçay gré d'vne telle chose qu'à moy, ou dans vn sens contraire, Ie me veux mal d'auoir fait cela, auec beaucoup d'autres semblables propos qui designent le contentement ou le deplaisir que nous receuons de nos propres actions ; d'où

l'on infere vne obligation qui demãde quelque gratitude enuers soy-mesme, au defaut dequoy l'on court fortune d'estre ingrat. Quand Caton disoit que si nous manquions de quelque chose, nous deuions l'emprunter de nous-mesmes; il parloit sans doute en des termes qui fauorisent encore la mesme pensée. Cependant ce sont ces belles manieres de discourir qui nous imposent, & qui nous trompent, puis qu'au fonds la nature du bien-fait est telle, qu'il est besoin de deus personnes pour luy donner l'estre, l'vne qui donne, & l'autre qui reçoiue. Prenons y garde, y au-

De l'Ingratitude. 141
roit-il rien de plus ridicule que si nons loüions vn homme de s'eſtre ſecouru dans vne neceſſité, ou de s'eſtre deliuré de la main des Voleurs ? La raiſon & le ſens commun s'oppoſent à cela, qui ne ſçauroient conceuoir que de telles actions ſoient meritoires, ny qu'vn homme puiſſe rien faire pour ſoy dont il doiue pretédre quelque loüange. Mais ce n'eſt pas en cela ſeul que le langage figuré nous corromproit le iugement, ſi nous n'y auions eſgard de bien pres. Tant y a que ſur le theme où nous ſommes, il n'eſt pas moins difficile de conceuoir qu'vne perſonne puiſſe eſtre ingrate

enuers elle-mesme, que de s'imaginer qu'on s'oblige soy-mesme; d'autant que la Grace ou le bien-fait, & la reuenche, sont des choses qui demandent necessairemēt la pluralité, auec vne certaine reciprocation qui n'est point en vn homme seul.

Il ne faut pas oublier vne autre difficulté de Morale, si vne iniure posterieure peut tellement effacer le bien-fait precedent, que nous en demeurions quittes sans tomber dans l'Ingratitude. Le feu Prince d'Orange le deuoit croire ainsi, quand il dit au sieur de Refuge nostre Ambassadeur, qui luy representoit les grands seruices

De l'Ingratitude. 143

que Barneuel auoit rendus tant à son Excellence, comme on parloit alors, qu'à Messieurs les Estats; que ses deseruices derniers estoient tels qu'ils ne permettoient pas qu'on se souuint d'aucune de ses bonnes actions. Barneueld a fait, adiousta ce Prince, comme les Vaches de Nortoland, qui apres auoir remply de laict des pots d'immense grandeur, les cassent en suite d'vn coup de pied, perdant en méme temps & les vaisseaux & le laict par vn double dommage. Mais si nous laissons à part les raisons de la Politique, qui a ses considerations toutes particulieres, nous serons con-

De l'Ingratitude.

traints d'entrer dans des sentimens fort contraires. Car outre l'obligation generale de pardonner les iniures, n'est-il pas du deuoir d'vne ame bien née & reconnoissante, d'imprimer plus auant dans sa memoire le bien-fait que l'offence ? D'ailleurs, veu que l'obligation est la plus ancienne, il y faut satisfaire, & puis on auisera au reste. Peut-estre que celuy de qui nous nous plaignons, ne nous a fait outrage que sans y penser, au lieu qu'il nous auoit distribué ses graces de propos deliberé, & auec dessein de nous rendre vn bon office. Si nous examinons bien le tout par les
plus

De l'Ingratitude. 145

plus rigoureuses Loix de l'Ethique, nous trouuerons que l'agreable souuenir du bien-fait doit consommer toute l'amertume du deplaisir, & que celuy à qui nous estions obligez de pardonner quand il nous eust esté indifferent, merite quelque chose dauantage par la consideration de ce que nous luy estions redeuables deuant sa faute. C'est estre ingrat & iniuste tout ensemble, de vouloir vser de compensation en des choses qui ne sont pas de mesme poix, & dont l'vne doit tousiours preualoir sur l'autre, si nous ne donnons beaucoup plus à la passion, qu'à ce que

K

nous prescrit le droit vsage de la raison.

Que dirons-nous de certains Sophistes qui ont osé soustenir que l'Ingratitude estoit vne pure Chimere, & qu'à le bien prendre il n'y auoit point d'ingrats au monde, le prouuant de cette façon. Pour estre ingrat il faut auoir receu vn bien-fait sans le reconnoistre. Or est-il que les gens de bien sont toûjours reconnoissans, & que quand aus vicieux, ils ne peuuent receuoir de bien-fait, dautant que par la doctrine du Portique le bien & le mal sont incompatibles; outre qu'vn méchant homme ne peut iamais

De l'Ingratitude. 147

faire son profit de rien. Par consequent puis que le Vertueus ne manque point de gratitude, & que celuy qui est dans le vice n'est pas seulement incapable de receuoir vne Grace, mais mesmes d'en profiter: Il s'ensuit necessairement que ny le premier qui rend, ny le second qui ne reçoit rien, ne sont coupables du crime d'Ingratitude; d'où resulte la premiere maxime, qu'il n'y a point d'ingrats au mōde, parce que s'il y en auoit, il faudroit qu'ils fussent de l'vn ou de l'autre des deus ordres que nous venons de specifier, & qui comprennent tout le genre humain. A ne rien dissimuler, ce sont des subtilitez de l'Eschole encore plus ridicules qu'elles ne sont ingenieuses: Elles ressemblent à ces mets trompeurs, où il y a bien plus à esplucher qu'à manger. Aussi n'ay-je garde de m'amuser long-tems à repartir, que le diuorce du vice & de la vertu n'est pas si formel, que l'vn & l'autre ne se puissent iamais rencontrer dans vn mesme sujet. L'on respōdoit autrefois qu'vn méchant pouuoit receuoir sinon vn bien-fait, pour le moins quelque chose qui luy estoit *Analogue*, & qui luy ressembloit, de façon qu'à faute de s'en reuencher, il y auoit vn

De l'Ingratitude. 149

iuste sujet de le nommer ingrat. Seneque adiouste encore, que celuy qui croit qu'on luy a fait vne grace, bien qu'elle ne soit pas telle qu'il se l'imagine, est tenu neantmoins d'vser de gratitude, à cause qu'il y a des choses qu'on doit mesurer parce qu'elles semblent estre, plustost que parce qu'elles sont en effet. Mais cherchons ce qui peut instruire solidement, & nous moquós pour l'heure de ces vaines questions, comme de toiles d'araignées où nous n'auons pas dessein de nous arrester. *Lib. 5. de ben. cap. 12. & 13.*

Il vaut mieux que nous affermissions toutes nos pensées sur l'heureuse condition de ceus

K iij

qui ont assez de fortune pour se tenir dans l'vsage de la Beneficence, & qui ne peuuent iamais perdre le fruit de leurs bonnes actions de quelque Ingratitude qu'on vse en leur endroit. Car qui peut douter Chrestiennement de la recompense future qui les attent, si les Payens mesmes la leur ont accordée dans ces chams Elysées, où ils establissoient leur beatitude eternelle ? C'est pour cela que sainct Augustin a comparé dans sa Cité de Dieu le passage de l'Euangile, qui ordonne qu'on se fasse des amis en vsant de liberalité, & en distribuant ce que nous nommons *Mammonam*

De l'Ingratitude. 151
iniquitatis, auec l'endroit du sixiéme de l'Eneide, où Virgile met les Ames bien-faisantes & liberales, au nombre de celles qui estoient en possession des lieus delicieus, dont nous venons de parler,

Quique sui memores alios fe-
cere merendo,
Omnibus his niuea cinguntur
tempora vitta.

Lucien s'est auisé de feindre in Ne-
gentiment sur ce sujet, que ryom.
Denys le Tyran se vit prest d'e-
stre attaché là bas à vne Chime-
re, si le Philosophe Aristippe n'eust intercedé pour luy, representant à Minos que Denys auoit fait du bien à beaucoup
K iiij

de personnes sçauantes, dont il n'estoit pas iuste qu'il demeurast sans reconnoissance. A peine pourroit-on faire mieus voir comme les Graces ne se perdent iamais, receuant leur iuste loyer tost ou tard, & souuent lors qu'on y pense le moins, que par le conte mythologique de Phedrus touchant ce qui arriua au Poëte Simonide, qui receut de Castor & Pollux la recompense d'vn Poëme, dont il auoit employé la plus grande partie des vers à leur loüange. L'on remarque au mesme lieu la punition toute visible de ceus pour qui Simonide auoit trauaillé, & qui l'auoient renuoyé

Lib. 4. fabul.

De l'Ingratitude. 153

par raillerie à ces deus freres gemeaux touchant le reste de son payement. Car si les Dieux, pour demeurer dans les termes Poëtiques, sont amis de la reconnoissance, ils ne tesmoignent pas moins d'auersion d'vn autre costé contre les ingrats. Et qui ne sçait que la roüe d'Ixion n'a esté inuentée par les anciens, que pour faire comprendre les chastimens ineuitables, dont le Ciel punit toûjours l'Ingratitude ? Euitons donc autant qu'il nous sera possible, vn vice si detesté de tout le monde. Il n'est pas besoin pour cela d'auoir autant de moyens que Darius, qui re-

Pind. ode 2. Pyth.

compensa du reuenu de l'Isle & de la ville des Samiés, celuy qui luy auoit fait present d'vn fort beau manteau deuant son auenement à la Couronne. Vn cœur plein de gratitude, quand nous ne pouuons vser d'autre reuanche, est capable de payer les plus grandes obligations; & cette *Eucharistie* des Grecs, comme dit à Cnemon le bon homme Calasiris dans Heliodore, vaut vn tresor en matiere de reconnoissance, si nous luy sçauons donner son iuste prix. Mais il faut aussi tenir pour vne maxime constante, qu'il n'y a point de si petit bien-fait, dont nous ne deuiós auoir du ressen-

Syloson tis chlamys.

Lib. 2. Æthiop

De l’Ingratitude. 155
timent. C’est sur cela que le iuste Bocchoris rendit le notable iugement dont parle Clement Alexandrin, par lequel celuy qui en dormant auoit iouy, ce luy sembloit, d’vne Courtisane, fut condamné à luy comter vne somme d’argent au Soleil, dont elle prendroit l’ombre comme vne monnoie aussi legere, que la satisfaction qu’il pouuoit auoir receu d’elle en songeant. Comment se pourroit-on exemter de reconnoistre vn office reel, si l’on a iugé qu’vne telle resuerie, & vne si fausse imagination meritoient quelque sorte de payement? Quoy qu’il en soit, rien ne nous

Lib. 4. Strom.

doit empefcher d'vfer au moins d'vne extreme reuerence vers nos bien-faicteurs, felon que toute la terre l'a toufiours pratiqué. Eufebe prouue par de bons Autheurs dans fa Preparation à l'Euangile, que les Pheniciens & les Egyptiens rendoient des honneurs diuins à ceus dont ils auoient receu quelque notable affiftance.

Lib. 1.

Τὸ γὰ τρέφον με, τοῦτ' ἐγὼ κρίνω θεον, Ie tiens pour Dieu tout ce qui me nourrit, dit l'ancienne parœmie Grecque. L'on s'eft fait des Veaux d'or de ce qu'on penfoit eftre vtile. Les peuples de Theffalie ont adoré la Cigongne, à caufe qu'elle deuoroit les

De l'Ingratitude. 157
Serpens, dont ils eſtoient incommodez. Et chacun ſcait le mot de ce bon Religieus, rapporté par Philippes de Com- mines au ſujet de Iean Galeas Duc de Milan, Nous nommons Sainċts tous ceus qui nous font du bien. Ayons l'ame reconnoiſſante dans vn degré plus raiſonnable, mais gardons la ſur tout de la plus honteuſe de toutes les taches qui la peuuent ſoüiller, que ie crois eſtre l'Ingratitude.

Lib. 7. cap. 7.

DE LA
MARCHANDISE.

CEvs qui ont creu, comme vous me l'escriuez, que la Marchandise n'estoit pas vn moyen legitime d'acquerir des biens, parce qu'il n'est pas naturel, se sont fort trompez. Encore qu'elle ne semble pas bien naturelle dans son principe, ny dans sa cause efficiente, elle l'est neantmoins dans sa cause finale, puis que son but principal est de supleer

De la Marchandise. 159
aus defauts de la Nature, qui n'est pas abondante par tout, & souuent de remedier à son indigence; ce qui rend le traffic non seulement legitime, mais mesme necessaire & tres-digne de recommendation. Vous me direz que tout le monde sçait comme la Marchandise a esté de tems immemorial mesprisée en beaucoup de lieux, & qu'elle l'est encore auiourd'huy parmy assez d'autres Nations que la nostre, qui en fait le partage des Roturiers.

De verité l'on voit auec admiration dans la Sainte Escriture, le mot de Marchand, & d'Imposteur, qui passent pour vne mesme chose ; ce que ie me souuiens qu'a remarqué Bodin entr'autres, au cinquiéme Liure de sa Republique. Aristote dit ailleurs, que la Loy des Thebains, leur defendoit expressément d'aspirer à aucune Magistrature, s'il n'y auoit dix ans pour le moins qu'ils se fussent abstenus de la Marchandise. Les anciens Romains tenoient toute sorte de traffic honteus, si nous en croyons Tite-Liue, *Quæstus omnis patribus indecorus visus est*. Et depuis les Constitutions des Empereurs ont defendu à la Noblesse, comme les Canons de l'Eglise aus Ecclesiastiques, d'exercer

Lib. 3.
Polit.
cap. 5.

De la Marchandise. 161
d'exercer le commerce, ce qui semble le rendre vil tout à fait parmy nous.

Il n'en faut pas pourtant tirer vne conclusion si desauantageuse. La distinction des Professions que fait vn Legislateur, ne les diffame pas. Et comme celle des Marchands n'a pas esté beaucoup estimée aus lieus que nous venons de remarquer, l'Histoire nous apprent qu'elle a receu tous les honneurs possibles dans les Estats qui ont esté le mieus policez ; que ces fameuses Republiques de Grece, aussi bien que la Carthaginoise, luy ont donné accez aus plus importantes charges du Gou-
L

uernement ; & qu'encore auiourd'huy celles de Venise, de Genes ; de Hollande , & assez d'autres en vsent de mesme ; outre que la Noblesse s'y occupe en beaucoup de Royaumes, auec tant de splendeur & de succez , que les Princes & les plus renommez Monarques ne l'estiment pas indigne de leurs soins. Car, pour ne rien dire des Gentilshommes d'Angleterre qui remplissent la plus grande partie des boutiques de Londres , & de leurs autres villes, sans preiudicier à leur côdition, n'apprenons nous pas de toutes les Relations du Leuant, & particulierement de celle de

De la Marchandife. 163

Pietro della Valle, qui a eſcrit la vie de Xa Abbas, que le Roy de Perſe eſt le plus grand Marchand de tout ſon pays, où la pluſpart des Nobles traffiquent à ſon exemple auec honneur, & hors de toute crainte qu'ils ſe puiſſent faire tort? Le grand Duc de Toſcane ne pratique-t'il pas la meſme choſe ſans diminution de ſa dignité? Et le Roy de Portugal n'a-t'il pas rendu ſon nom celebre par toute la Terre, augmenté ſa Couronne, & enrichy ſes Prouinces par le moien de la Marchandiſe? Pour ne rien dire de Philippes ſecond, qui fit tranſporter, à la faueur de ſon mariage auec la

L ij

Reyne d'Angleterre Marie, dix mille moutons en Espagne si vtilement, que le commerce des Laines semble estre passé depuis ce tems-là d'vn lieu à l'autre.

Mais vous me direz peut-estre, que ces traffics de Roys & de Princes sont si grands & si releuez, qu'on ne leur sçauroit comparer auec raison ceus des particuliers, & qu'ils n'ont nul rapport auec la Marchandise ordinaire. Ie respons à cela ce qu'on dit tous les iours comme vne maxime certaine en Philosophie, que le plus & le moins ne changent pas l'espece, & que si generalement parlant le commerce n'a rien de honteus en soy, il ne sçauroit estre infame de luy-mesme dans le particulier. Si ce n'est qu'on veille s'imaginer, que comme les petits Pirates sont mis à la Cadene, selon le mot de Diogene à ce Domteur de l'Asie, au mesme tems que les grands Corsaires, comme sont presque tous les Conquerans, reçoiuent des Couronnes & des Eloges de tout le monde; le Traffic en gros & qui se fait auec des equipages d'immense depense, doiue estre reputé honnorable, encore que celuy des moindres Marchands soit vil, & plustost honteus qu'autrement. I'auouë que la plus commune creance des hommes est celle-là, ce qui n'empesche pas pourtant qu'à prendre les choses vn peu plus exactement, & comme dit l'Italien, *alla Platonica*, nous ne soyons obligez d'en iuger tout autrement, & de n'abaisser pas si fort la Marchandise, qui cause tant de biens à tout le genre humain, qu'on ne sçauroit conceuoir qu'il peust subsister sans elle.

Vous estes bien asseuré que ie n'en parle pas ainsi par interest. La famille dont ie suis ne prent nulle part en cela. Et à mon esgard quand ma façon de viure ne me distingueroit pas comme elle fait de celle des Marchands, i'ay vn Genie si contraire aus soins du commerce, qu'en verité ie n'ay rien remarqué dans toutes les vies des anciens qui me plaise tant, que ce qu'on y lit du fameus destructeur de Numance & de Carthage Scipion Emylien, qu'en cinquante-quatre ans qu'il vesquit, iamais il n'acheta ny ne vendit rien.

Voulez-vous que ie vous dise en suite laquelle de toutes les manieres de traffiquer reuient dauantage à mon humeur, & m'agrée le plus dans les Liures? C'est celle qui est la plus simple de toutes, où il interuient le moins de paroles, & où le silence mesme sert de truchement pour vuider les differens, & conclure toute sorte de marchez. Ie ne m'estonneray pas que vous ayez de la peine à m'entendre d'abord, parlant de ce qui est si inusité parmy nous, & qui ne se pratique qu'aus lieus du monde les plus esloignez de la France. Car ie ne me veus pas contenter de vous faire souuenir de ce que vous auez obserué vous-mesme dans les Beseſtans des Turcs (qui sont leurs Foires & leurs places publiques, où ils exposent en vente les choses dont ils traffiquẽt) qu'on y entend moins de bruit

De la Marchandise. 169
parmy dix ou douze mille personnes qui les rempliſſent, qu'icy quand vne centaine ſeulement s'aſſemblent à meſme deſſein, ou qu'ils ſe trouuent meſme dans des lieus du plus grand reſpect. En effet i'ay leu dans diuerſes Relations, que la pluſpart du commerce des Indes Orientales ſe fait ſans ouurir ſeulement la bouche. Louis Bartheme dit, qu'en Calicut ceus qui traffiquent au lieu de parler ſe touchent ſimplement l'vn à l'autre les articles des doigts, & terminent par là leurs ventes & leurs achats fort heureuſement. Ceſare dei Federici teſmoigne que la meſme choſe

Cap. 17.

est en vsage au Royaume de Pegu, & que les Caffres vendent aus Portugais de Mozazembique, ou achetent d'eus, sans mot dire. Cela me remet dans la memoire l'endroit de Pline où il parle des Seres, les plus orientaus de l'Asie, & qui sont peut-estre les Chinois, ou ceus de Cambalu, asseurant que dans leur commerce ils euitoient soigneusement de se mesler auec les autres hommes. Paul Ioue dans sa Moscovie, & Sigismond de Herbestein, nous representent les Lapes ou Lapons vers le Nort, qui eschangent leurs fourrures Armelines contre d'autres Marchandises

Lib. 6.
hist. nat.
cap. 17.

De la Marchandise. 171

tellement sans dire mot, que c'est mesme sans voir ceus auec qui ils permutent. Le mesme Sigismond escrit ailleurs des peuples de Lucomorye, qui sont vers le fleuue Oby sur la mer glaciale, qu'enuiron la fin de Nouembre qu'on veut qu'ils meurent, parce qu'ils se renferment sans sortir durant la longue nuit du climat où ils viuent, ils mettent leurs danrées en vn certain lieu, où d'autres peuples les viennent prendre en eschange de celles de leur pays: Et qu'à leur resueil, qui passe pour vne resuscitation, le vingt-quatriéme d'Avril ou à peu pres, ils vont voir si la permutation n'a pas esté iuste & fidele ; parce que s'il se trouue qu'elle soit autre, ce qui n'arriue que rarement, ils tombent dans de grãdes guerres entr'eus. Louys Cadamoste represente les commerces d'Affrique qui ne se font pas auec plus de bruit, ny auec moins de sincerité. Car ceus de Melly vont debiter leur Sel à d'autres Negres, qui ne se laissent iamais voir. Les premiers le mettent au lieu accoustumé, iusques à ce que les autres ayent apporté autant d'or pour le moins, le Sel l'esgalant de pris s'il ne le surpasse; & puis chacun prent son lot dans vne telle distance, qu'ils ne s'enui-

De la Marchandise. 173
sagent pas seulement, tant s'en faut qu'ils puissent discourir ensemble. Des Hayes confirme cela dãs son voyage de Leuant, où il conte de quelle façon les Maures traffiquent auecque ceus des deserts de Numidie. Il dit que sur les confins de cette prouince se trouue la ville de Fezan qui appartient au Grand Seigneur, & qu'à vne lieuë de distance les Maures vont planter sur vne môtagne leur estendart, à l'entour duquel ils mettent des monceaus de Sel, & puis se retirẽt. Les Arabes viennent en suite, qui laissent au mesme lieu les Marchandises qu'ils veulent donner en eschan-

ge, & alors la permutation se fait, ou bien chacun reprent le sien auec tant d'innocence, qu'il n'arriue iamais de surprise entr'eus. L'on peut voir aussi dans l'Histoire des Cherifs de Diego de Torrés, vne autre Relation toute semblable de quelques autres Maures, qui traffiquent auecque ceux de la prouince de Tomocota, au bout des deserts de Lybie. Il asseure pour l'auoir sçeu des Marchands mémes qui en estoient de retour, que toute leur negociation se faisoit sans parler, & en mettant seulement leur Marchandise dans la Doüane, où ceùs du pays apportoient l'or qu'ils

C. 107.

estoient resolus d'en donner, sans se tenir propos quelconques. Surquoy vous pouuez vous souuenir, comme Herodote nous a descrit dans sa Melpomene, il y a si long-tems, vn vsage tout pareil, parlant de la mesme Affrique. Il dit, que les Carthaginois entrant dans l'Occean par les colomnes d'Hercule, abordoient vne des costes de Lybie, où leur coustume estoit d'exposer en terre ce qu'ils vouloient debiter, le faisant sçauoir à ceus du pays par le moyen d'vne fumée, qu'ils excitoient sur quelque lieu voisin & eminent. Ceus de la contrée connoissant le signal, y venoient aussi-tost auecque de l'or qu'ils laissoient aupres des Marchandises en se retirant, afin que les Carthaginois vinssent à leur tour s'ils en estoient contens ; ce qui se faisoit à diuerses reprises, augmentant le prix s'il en estoit de besoin, sans iamais se faire aucune iniure de part ny d'autre.

Or quoy que ie ne pretende pas que vous preniez tout cecy au pied de la lettre, ny que tant d'exemples tirez de certaines regions qui nous sont presque inconnuës, puissent iamais faire changer l'vsage de nos Foires & de nos Marchez : Si est-ce qu'il me semble qu'on en peut tirer
cette

De la Marchandise.

cette leçon, que les tromperies & la mauuaise Foy y ont par trop de lieu, & que ny nos Coustumes ny nos Ordonnances n'ont pas assez pouruscu en cela au bien public parmy nous, veu ce qui se prattique de mieus en tant d'endroits au dehors, où il n'est pas permis aus Marchands d'vser ny par paroles, ny par autres souppleſſes, d'aucune supercherie. Les Lois de Platon defendent expresſemét à celuy qui vent de priser ſa Marchandise, ny d'vser d'aucun ferment pour la debiter. Elles ne veulent pas non plus qu'il luy ſoit permis de vendre à deus pris differens. Et par vne

Lib. 11. de leg.

M

Loy d'Aristonicus, il n'estoit pas mesme loisible dans Athenes à ceus qui vendoient le poisson, de le donner à moindre pris, que ce qu'ils l'auoient fait ou voulu vendre dés le commencement, pour les empescher de le tenir trop cher, dautant que par vne autre constitution de police, il leur estoit tres-expressément defendu d'en exposer en vente, qui fust tant soit peu corrompu: de sorte que pour ne tomber pas dans cét inconuenient, d'estre condamnez à l'amende, & de le perdre en le gardant trop longtems, ils n'osoient le surfaire dés la premiere fois. Ie ne parle point icy de cette celebre Ordonnance de la mesme ville d'Athenes, par laquelle le mensonge estoit si seuerement prohibé dans le marché public, κτ' τluὸ ἀγοράν ἀψευδεῖν ; à cause qu'encore qu'il y eust des *Agoranomes*, ou des Officiers creés exprés, pour y faire obseruer les Statuts de la Police, ie me souuiens fort bien du mot d'Anacharsis, qui se moqua des Atheniens pour ce regard, voyant qu'ils ne mentoient, ce luy sembloit, nulle part si impudemment qu'en plain marché. Quoy qu'il en soit, bien que la malice des hommes se trouue si grande qu'elle se met

Apud Diog. Laërt.

toufiours au deffus de la Loy, nous ne deuons pas laiffer d'eftimer pour cela le fentiment des Legiflateurs, qui ont tafché de regler le train de la Marchandife, & de rendre le Traffic le plus raifonnable qu'il leur a efté poffible. Qui a-t'il de plus contraire à l'equité, que les monopoles qu'ils interdifent, & dont neantmoins nos commerces font fi remplis? Et ne peut-on pas dire, que de toutes les profeffions il n'y en a point qui aille fi directement ny fi generalement contre le premier & fondamental precepte de toute la Morale, que fait la Marchandife? Ce precepte porte que nous ne deuons iamais faire à autruy, ce que nous ne voudrions pas qui nous fust fait. Cependant il n'y a point de Marchand qui ne tasche de vendre ses denrées au plus haut prix qu'il luy est possible; encore que s'il luy faloit achetter quelque chose, il soit contraint d'auoüer qu'il luy fascheroit fort d'en dóner au delà de sa iuste valeur. Neron, tout ennemy capital qu'il estoit du genre humain, fut contraint pour obuier à ce desordre, & à la grande auidité des Marchands, d'ordónner que ceus de bled particulierement seroient tousiours debout durant qu'ils la vendroient, afin de les contraindre à s'en defaire promptement & à prix raisonnable. Qu'est deuenuë la bonne Foy, si necessaire au mestier dont nous parlons, que nos Prouerbes ne vantent rien tant que la Foy du Marchand ? Et qui est celuy qui auroit assez de franchise, pour dire le defaut, aussi bien que le merite, de ce qu'il expose en vente ? Si est-ce qu'vne exacte prud'hommie le voudroit ainsi, & la raison qu'eut Caton de condamner celuy, qui vendant sa maison auoit teu l'Arrest des Augures, par lequel on l'obligeroit à la tenir plus basse, doit auoir lieu en toute sorte de

De la Marchandise. 183
commerce, où la bonne Foy defend esgalement d'amplifier la bonté, & de cacher les vices de ce qui entre en negociation. *Quia bona fidei venditorem*, dit Valere Maxime sur ce iugement de l'ancien Caton, dont Cicero parle aussi au troisiéme Liure de ses offices, *Nec commodorum spem augere, nec incommodorum cognitionem obscurare oportet*. L'acheteur mesme est obligé par cette bonne Foy, de ne consentir pas à vne erreur qui luy seroit auantageuse, si celuy qui vent se mesprent par ignorance ou autrement. Quintus Sceuola fils de Publius, donna d'vn fond de terre plus qu'on

Lib. 8. cap. 2.

M iiij

ne luy en demandoit, iugeant qu'il valoit dauantage. Personne, dit Ciceron au mesme lieu, ne sçauroit nier que ce ne soit l'action d'vn homme de bien, encore que beaucoup dissent dés ce tems-là mal à propos, qu'elle n'estoit pas accompagnée de prudence ; comme si la sagesse eust esté contraire à la probité, où que celle-cy eust peu subsister sans l'autre.

C'est tout ce que vous iurez de moy, sur le sujet que vous m'auez prescrit, en m'obligeant à vous dire si i'estois de l'auis de ceus qui vous auoient parlé auec tant de desauantage de la Marchandise. Si les voyages de long cours, & les richesses de l'vne ou de l'autre Inde, ont fait quelque impression sur vostre esprit, ie vous souhaitte la bonne fortune de ce Sostrate Æginete, que Herodote nous donne pour celuy de tous les Grecs, qui s'estoit mis iusques à son tems le plus dans l'opulence, par le moyen du Traffic. Mais Dieu vous preserue de la fin d'vn Piçarre apres toutes vos courses, quelques biens immenses qu'il ait possedez par le moyen des siennes, au dire des Espagnols, qui soustiennent dans leurs Histoires, que iamais l'on n'a connu vn homme particulier aussi riche que luy. I'ayme mieus

Lib. 4.

vous voir en toutes choses dans la mediocrité que dans l'excez, & particulierement en cecy, où ie tiens le Paradoxe veritable, que la moitié y vaut mieus que le tout. En quelque part que vous portent vos Destinées, ie ne pense pas que vous y trouuiez vn lieu d'aussi grand commerce, qu'estoit autrefois cette ville de la Colchide Dioscurias, ou Sebastopolis, dont Cap. 5. parle Pline au sixiéme Liure de son histoire Naturelle. Il auouë qu'elle estoit desia deserte de son tems, mais qu'au rapport de Timosthene, elle auoit esté autrefois vne place marchande si celebre, que trois cens Nations

De la Marchandise. 187
de Langües differentes y negocioient; adiouſtant que les Romains y ont eu à leurs gages iuſques à cent & trente Interpretes pour le meſme employ. Ie vous defie de me deſigner vn endroit dans le Monde, qui porte auiourd'huy les marques d'vn ſi grand Traffic, ny où l'on puiſſe voir vn tel abord de Marchands.

Et pour preuue de la viciſſitude de toutes choſes, ie vous prie d'obſeruer auecque moy comme la Mingrelie d'auiourd'huy, qui eſt cette Colchide des anciens, où ſe trouuoit vne ſi fameuſe Eſchele à tãt de peuples differens (ſelon le terme vsité par toutes les Mers du Leuant) passe dans nos Relations, pour vn des lieus de la Terre le moins frequenté, sur tout à l'esgard de nos quartiers & de l'Italie, qu'on sçait y auoir tenu autrefois vn si grand commerce. Ne vous estonnez pas au reste de mon humeur si peu complaisante, pour ne pas dire extrauagante, quand i'ay presque voulu assuietir la Marchandise au silence de nos plus austeres Religions. Ie vous auouë que l'amour de la Philosophie, & de son dous repos tousiours accōpagné de taciturnité, m'a transporté cette fois. Si vous n'auez pas encore compris iusques où il s'estend, ce mot d'vn ancien est capable de le vous bien faire entendre, *Philoso-* *phia eius est verecundia, vt strepitum non modo verborum, sed ne cogitationum quidem, in sacrarium suæ quietis admittat.* Macr. 7. Satur. cap. 1.

DE LA GRANDEVR
ET PETITESSE
DES CORPS.

CE que vous dites est veritable, que Seneque a parlé des Geans dans vne de ses Epistres, aussi bien que des Centaures, comme de choses imaginaires seulement, & qui n'ont point de substance si l'on en croit les Stoïciens. Ces os, soit fossiles, soit d'Elephant, qu'on monstroit à Paris l'an mil six cens treize & qui fu-

& petitesse des Corps. 191
rent promenez en suite par la Flandre & par l'Angleterre, comme s'ils eussent esté du Teutobochus dont parle l'histoire Romaine, nous ont fait voir clairement combien l'on nous impose pour ce regard. Suetone remarque dans la vie d'Auguste, que dés ce tems-là l'on vouloit faire passer de grans ossemens d'animaux, pour des reliques de Heros ou de Geans. Et Marc Polo nous asseure qu'on debitoit aus Indes Orientales des Squeletes de certains petits Singes, cóme s'ils eussent esté de Pygmées, protestant qu'il ne s'est iamais veu dans le monde d'hommes de si petite

Art. 72.

Lib. 3. cap. 12.

stature. Ce font des negatiues bien abfoluës fur l'vn & fur l'autre fujet. Ie vous veus dire ce que i'en penfe d'autant plus fommairement, que ie vous renuoye, pour ce qui regarde les Geans, à tant de Traittez faits exprez, me contentant de vous adioufter, que ie pourrois authorifer leur exiftence par des exemples fans fin, que i'ay tirez de toutes ces Relations de voyages dont vous fçauez bien que ie n'ay pas mefprifé la lecture.

Encore que le mot de Geans,
Lib. de qui fe lit au fixiéme chapitre de
Gigant. la Genefe, foit pris par Philon,
Lib. 9.
adu. Iul. par fainct Cyrille, & par affez
d'autres

d'autres Autheurs pour des hommes superbes & impies, plustost que pour des personnes d'vne grandeur de corps extraordinaire : & quoy que l'endroit du quatorziéme chapitre de la Sagesse de Salomon, qui parle des Geans que le Deluge fit perir, puisse estre entendu de la sorte; l'on ne peut pas donner ailleurs cette mesme interpretation à diuers lieus de la Saincte Escriture, & son authorité nous oblige de croire qu'il y a eu de veritables Geans, aupres de qui les autres hommes ne paroissoiét gueres plus hauts que des Sauterelles. *Vidimus monstra quadam filiorum Enac,*

De la grandeur
de genere Giganteo, quibus comparati quasi locustæ videbamur, disoient ceus qui estoient allez reconnoistre la Terre de promission, au treiziéme chapitre des Nombres. Et dans le second du Deuteronome il est fait mention de certains Moabites si grands & si puissans, *vt de Enakim stirpe quasi Gigantes crederentur*, & sans cette deference que nous deuós au texte sacré, ie vous auouë que i'aurois bien de la peine à receuoir pour veritable, ce qui se dit d'vne nature d'hommes si disproportionnée de la nostre qu'est celle des Geans. Ie les rapporterois bien plustost à l'imagina-

& petitesse des Corps.

tion de ceus qui se plaisent à inuenter des Fables, on pour imposer aus plus credules, ou pour en profiter. L'opinion aussi de quelques Philosophes qui se sõt persuadez que le monde va toûjours en degenerant, y peut auoir beaucoup contribué. Et par dessus tout ie pense que la coustume des anciens, dont parle Aristote, de representer leurs Dieus & leurs Heros plus grãds sans comparaison que nous ne sommes, est celle qui a eu le plus de pouuoir en cela. Car les statuës des Rois ne nous imposent-elles pas encore tous les iours là dessus ? nous representant vn Alexandre le grand, & vn Char-

L. 1. polit. c. 5.

lemagne pour des demi-Geans, qui n'eſtoient conſtamment le premier que fort petit, & le ſecond qu'homme ordinaire. Clement Alexandrin cite le Philoſophe Hieronymus, & Dicearchus, pour prouuer par celuylà qu'Hercule eſtoit de tres-petite taille, (quoy que Solin luy donne ſept pieds de haut) & par l'autre qu'il auoit le corſage greſle, bien que neruèus & par conſequent robuſte. N'eſt-il pas vray-ſemblable que ceus qui conſidereroient à deus ou trois mille ans d'icy la figure de bronze qui repreſente Henry quatriéme ſur le Pont-neuf, ſe perſuaderoient facilement qu'il

adm. ad Gent.

Cap. 1.

estoit aussi grand que nous l'auons connu petit; & qu'apprenant par l'histoire qu'il fut au plus de mediocre stature, ils seroient portez à conclure là dessus que nostre nature s'affoiblit à mesure qu'elle s'éloigne de son principe pour aller vers la fin des siecles, & que les hommes du tems de ce Roy ont esté bien plus hauts & plus corpulens que ceus du leur? C'est ainsi que tout sert à nous tromper, & que sur de mauuais antecedens nous fondons le plus souuent de tres-fausses consequences.

Il est difficile de ne penser pas la mesme chose de tout ce

qu'on escrit des Pygmées, ou de certains petits hommes qui sont en guerre perpetuelle, à ce que dit apres Homere vn Me-
Lib. 9. necles dans Athenée, non seu-
Deipn. lement auec les Gruës, mais encore auec les Perdris; se seruant des dernieres pour tirer leurs carosses, si nous en croions ce Basilis cité au mesme lieu comme autheur de quelques relations des Indes. Nicephore parle aussi d'vn Egyptien qui ne surpassa iamais en hauteur vne
Lib. 12. Perdris, quoy qu'il eust pres de
hist.Ec- vingt-cinq ans, doüé au reste
cl.c.37. d'vne vois agreable, & d'vn discours qui tesmoignoit beaucoup de prudence & de gene-

rosité. Le Poëte Philetas, compatriote d'Hippocrate, auoit le corps si petit & si leger, qu'on fut contraint de luy mettre du plomb aus pieds, pour l'empescher d'estre le iouet des vents. Et l'on adjouste qu'vn Archestratus mis dans vne balance fut trouué de la iuste pesanteur d'vne obole. Ce n'est donc pas merueille si Philostrate represente ses Pygmées tenant des haches, des serpes & des cognées pour couper les bleds, parce qu'à leur esgard ce sont des arbres de haute fustaie. Ie sçay bien qu'Aristote mesme a recónu des Pygmées, leur donnant des cauernes ou tanieres

Athen. lib. 2. Deipn.

Lib. 2. Icon.

Lib. 4.
c. 11. l. 5.
c. 29.
Lib. 6.
c. 19. &
30. & l.
7. c. 2.

pour habitation ; & que Pline en a mis en diuerses parties du monde. Car il en place dans la Thrace, d'où il dit que les Gruës les chasserent ; d'autres vers Seleücie ou Antioche; d'autres encore en Ethiopie vers le lieu d'où le Nil tire son origine; quelques vns aus montagnes des Prasiens de l'Inde Orientale; & de certains encore dans vn autre endroit au dessus des sources du Gange, nommant ceus-cy Spithamiens, à cause que iamais ils n'excedent la hauteur de trois palmes. Mais aussi n'ignorons nous pas, que les grands autheurs escriuent beaucoup de choses qu'ils ne garantissent pas. D'ailleurs Strabon a creu, qu'à cause que tous les animaus naissent bien plus petits aus regions intemperées par l'excez du chaud ou du froid, qu'aus autres, l'on a vraisemblablement inuenté des Pygmées, que iamais homme digne de foy, adiouste-t'il, n'a dit auoir veus. Certes l'authorité de ce grand Geographe merite beaucoup de deference. Et bien que nous ne doutions point que la Nature ne produise ordinairement les hommes vn peu plus hauts ou plus petits dans quelques contrées, & sous de certains climats, qu'elle ne fait autre part;

Lib. 17. Geogr.

De la grandeur comme elle engendre aussi par tout de ces hommelets nains, qui sont les *Homunciones* des Latins, les *Piccolhuomini* des Italiens, & les *Manequins* des Flamands, lors qu'il se trouue du vice dans la forme, ou du deffaut dans la matiere; ce n'est pas à dire pourtant qu'il y ait des Nations entieres de Pygmées, & de personnes de l'vn & de l'autre sexe tellement au dessous de nostre stature qu'on les represente. Les Egyptiens qui diuisoient le corps humain en trente-six, & quelquefois en plus de parties, attribuant à chacune vn Demon particulier, selon la doctrine de Celsus,

dont Origene se moque, n'eus- Lib. 8.
sent iamais trouué le moyen de
faire tant de dissections differentes sur de si petits suiets. I'ay
bien encore de la peine à croire
qu'il se rencontre en quelque
partie de la Terre que ce soit,
des gens, qui n'ayāt qu'vn pied
& demy de haut ne viuent que
trois ans, *in trimatu implentes
vita cursum*, ce sont les propres
termes de Pline. Et ie mets au
mesme rang ces Pygmées de
Tacchara, dont parle Beato
Odorico, qui se marient à cinq
ans, & ne passent iamais la hauteur de trois palmes. Mais ie
trouue tres-digne de consideration ce que Sigismond d'Her-

beftein rapporte dans sa Moscovie, & apres luy (sans le nommer) Scaliger dans sa deus cent soixante troisiesme Exercitation contre Cardan, qu'encore que les Samogitiens soient des hommes tres-grands, ils ont par fois des enfans nains, & puis d'autres de belle & riche taille, la Nature procedant presque tousiours ainsi successiuement dans leurs generations.

Apres vous auoir declaré mon sentiment pour ce qui touche les Geans & les Pygmées, ie vous veus communiquer quelques autres pensées qui me viennent au sujet de la grandeur & de la petitesse des

& petitesse des Corps. 205
corps tels que nous en voyons tous les iours. Or quoy que la pluspart du monde souhaitte plustost d'estre grand que petit, à cause de quelques auantages que peuuent prendre les hommes de haute corpulence sur les autres ; si est-ce que toutes les Nations semblent auoir voulu donner dans leurs façons de parler ordinaires de mauuais préiugez des premiers. Les Grecs ont dit αἶνος ὁ μακρὸς, les Romains *homo longus rarò sapiens*, & nos François ont vne infinité de brocards qui tesmoignent du mespris des grandes personnes. Les Poëtes donnent bien du courage aus Aiax, & aus

Rodomonts, qui font leurs plus grands Coloſſes, mais ils ne les recommandent iamais du coſté de la raiſon. Et ie ne voy dans toute l'antiquité que le ſeul Milon Crotoniate, ce fameux Athlete qui fut ſix fois victorieux aus ieus Olympiques, de qui l'on ait dit qu'il euſt la grandeur de l'eſprit proportionnée à celle de ſon corps. Auſſi eſt-ce vne maxime des plus receuës dans la Philoſophie, qu'où il y a beaucoup de matiere, il ne s'y rencontre ordinairement que fort peu de forme ou de connoiſſance. Le Bœuf comparé au Renard en fournit de preuue dans la Fable, auſſi bien que

Diod. Sic.l.12. bibl.

Ariſt.li. 4. Metap. vlt.

celles du sens commun. Et la comparaison du Pilote qui conduit bien mieus vn vaisseau mediocre qu'vne ramberge, est merueilleusement iuste là dessus.

N'en doit-il pas estre tout au rebours, par la doctrine des contraires, de ceus qui ont le corps petit? Ils ont en cela plus de ressemblance que les autres à la Diuinité; l'on attribuë aus corps glorieus le don de subtilité, ou d'occuper peu de lieu; & c'est pourquoy Anacreon compare sa Cicade aus Dieus immortels, à cause du peu d'empeschement qu'elle reçoit du costé de la matiere. La Mouche,

Mouche, dit l'Ecclesiastique, Cap. 11. pour estre la moindre des volatiles, ne laisse pas d'estre des plus considerables, *Breuis in volatilibus est Apis, & initium dulcoris habet fructus illius*. La petitesse est souuent le symbole des choses precieuses; le Royaume des Cieus est comparé à vn grain de moustarde ; & Dieu defendant à Samuel de regarder à la taille des enfans d'Isay, il luy fit choisir Dauid qui estoit le plus petit de tous, pour l'esleuer à la Royauté d'Israel. Vlysse, Tydée, Agesilaus, Chrysippe, Esope, & assez d'autres entre les Payens, ont fait voir que la vertu vnie & ramassée dans

O

leurs petits sujets, auoit plus de force & de vigueur que quand elle est plus dispercée. Les moindres Oyseaus sont les plus eloquens, les plus petits Poissons ont plus de fecondité que les autres, l'Abeille n'a garde d'esgaler en grandeur l'inutile Freslon, & generalement, dit Aristote, vous verrez tousiours dans toutes les especes des animaus, que les plus petits y ont dauantage d'intelligence, & d'exactitude au raisonnement, ce qu'il appelle en ce lieu là τὴν τῆς διανοίας ἀκρίβειαν. Voulons nous bien reconnoistre ce que peut vne vertu renfermée dans vn petit espace ? considerons le

Lib. 9. de hist. an. c. 7.

trauail des Fourmis, tant de iour que de nuit au clair de la Lune, & obseruons sur tout apres Pline, comme faisant comparaison des charges qu'ils portent & de leurs corps, il n'y a point d'animaus qui fassent paroistre tant de force qu'eus, *Si quis comparet onera corporibus earum, fateatur nullis proportione vires esse maiores*; d'où viennent peut-estre les marques de leurs penibles trauaus, qu'elles impriment en cheminant sur les pierres les plus dures. Reuenant aus hommes, i'en adiousteray deus à ceus que i'ay desia nommez. Le premier sera le plus renommé de tous les

Lib. 11. hist.nat. cap. 30.

Roys de Pologne, cét Vladiſlaus, que les Hiſtoires ſurnomment *Cubitalem*, (mot qui ſignifie en Latin la meſme choſe que Pygmée en Grec) parce qu'il n'auoit qu'vne coudée de hauteur. Le ſecond eſt vn grand Cam de Tartarie appellé Caſan, ſi vaillant & ſi remply de Vertus, que ſa Nation n'a point eu de Monarques qui le valuſſent; & qu'on ſçait neantmoins auoir eſté ſi petit de corps, & ſi laid de viſage, qu'il paroiſſoit vn monſtre. Ayton Armenien qui le veit entre deus cens mille Tartares, nous aſſeure qu'il eſtoit le plus petit d'eus tous, quoy que le plus releué en merite, aussi bien qu'en dignité & en puissance. Voila comme les hommes ressemblent assez souuent aus Grenadiers, qui portent d'autant plus de fruit qu'ils sont plus petits.

La corpulence ayant d'autres mesures ou dimensiōs que celle de la hauteur, ie vous diray en vn mot, que c'est à peu prés la mesme chose des grosses personnes & des desliées, que des grandes & des petites. Car de mesme qu'on a tousiours diffamé la taille de ceus que la Nature semble auoir condamnez aus peines d'vn Crocheteur qui suë perpetuellement sous le faix de sa charge ; & comme l'on a creu que la pesanteur du corps causoit ordinairement celle de l'esprit, *Venter pinguis non gignit sensum tenuem seu subtilem,*

Παχεῖα γαςὴρ λιπίὸν ὖ ϋκτει νοον :
Aussi voyons nous par tout que la maigreur, & la legereté des corps que nous nommons grêles ou deschargez, & que les Latins appellent subtils, passe pour vne marque de bonté spirituelle, & presque pour vne condition necessaire à la liberté des operations de nostre ame. C'est pourquoy Hippocrate iuge qu'il est expedient à ceus qui veulent acquerir de la prudence, de se rendre maigres, συμφέρει

& petitesse des Corps. 215
δὲ ἀσαρκεῖν πρὸς ὃ φρονίμους εἶ). Vn corps trop nourry & trop succulent, regimbe côtre la raison, *At que affigit humo diuina particulam auræ.* Horat.
Mais le conseil d'Hippocrate me fait souuenir de ce grand Capitaine du dernier siecle Chiapino Vitelli, qui se voyant reduit à porter vne bande attachée au col pour soustenir son ventre, le fit décroistre de telle sorte par l'vsage du vinaigre au lieu de vin, qu'il pesoit moins de quatre-vingts sept liures qu'auparauant, & prenoit plaisir à s'enuelopper dans la peau de ce ventre abaissé, comme dans vne cuirasse, *Detumescëte*

O iiij

abdomine, defluenteque ventris pelle, qua ipse se thoracis instar inuoluebat, dit Famianus Strada.

Decad. 1. lib. 8.

Ne vous imaginez pas sur tout ce que ie vous viens de representer, que ie pretende donner de l'auantage aus vns au preiudice des autres. Il y a long-tems que i'ay ouy dire qu'il est de toutes tailles de bons Leuriers; & vous sçauez bien d'ailleurs que ie ne suis nullement interessé dans pas vn des partis. Mon dessein n'a esté autre que de fortifier vn peu le costé qui semble le plus disgracié de Nature. Que si vous voulez que ie parle plus serieusement, ie vous dans la Physique. Que sert-il au Crocodile,qu'à se faire craindre & hair, d'estre le seul de toutes les bestes qui croist tous les iours de sa vie? Que profite à l'Ours cette lourde masse de chair qui le compose, qu'à le rendre plus endormy,plus contemptible, & plus propre à estre mené par le nez?

Quid nisi pondus iners, stolidaque ferocia mentis? Ouid.in Halieu.

comme en parle le Poëte Latin. Aristote a reconnu au quatriéme Liure des parties des Animaus,qu'à l'esgard de l'homme le poids du corps, s'il est grand, peut retarder & alentir les operations de son ame iusques à Cap.10.

diray que les tailles mediocres me semblent beaucoup plus souhaitables que celles qui sont dans les extremitez de hauteur ou de bassesse. Platon a bien soustenu au cinquiéme liure de ses Lois, que les plus beaus corps, non plus que les plus sains, ny les plus robustes, n'estoient pas tant à priser que ceus que nous voyons dans vn degré plus moderé, soit de beauté, soit de force, ou de santé. A plus forte raison pouuós nous maintenir, que les grandes ny les petites statures n'ont rien de recommandable, comme celles qui possedét ce riche milieu, où les Philosophes ont tousiours placé la perfection de toutes choses. Mais s'il faloit tomber dans l'vne ou dans l'autre extremité, & que le chois des deus me fust donné, ie vous asseure que ie ne serois pas de l'auis de Balthasar Castiglione, qui trouue moins d'inconuenient pour son parfait Courtisan, qu'il soit vn peu plus petit, qu'vn peu plus grand que l'ordinaire. Pour moy ie croy que ce peu de difference seroit plus tolerable dans vne grandeur qui se feroit considerer auec quelque sorte d'estonnement, que dans vne bassesse qui causeroit du mespris. Par où vous pouuez iuger que ie ne suis pas si grand

Partisan des hommes de la moindre taille, que quelque-vnes de mes resueries vous l'au-roient peu faire croire.

DES COULEURS.

IL faut bien que les Couleurs soient belles, puis qu'elles entrent dans la definition que les Philosophes donnent de la Beauté, quand ils disent qu'elle n'est rien autre chose, qu'vne iuste proportion & disposition des parties, auec vne Couleur qui leur conuient. Mais lors que vous me voulez obliger à declarer l'vne plus excellente que l'autre, c'est où ie me trouue bien empesché, ne croyant pas que cela se puisse determiner par elles-mesmes, ny autrement qu'à l'esgard de nos fantaisies particulieres, d'où l'on ne peut rien tirer de certain. Ne vous souuient-il pas de ces grandes animositez qu'exciterent autrefois les Romains dãs leurs ieux qu'ils nommoient Circenses, sur la preference de l'vne des quatre Couleurs qui representoient les quatre Elemens, & les quatre Saisons de l'année? La faction des Verds, & des Bleus, qui auoit son siege dans Constantinople, où elle causa de si veritables incendies, & qui

Procop. in Anec. & l.1. de bello Pers.

pensa troubler tout l'Empire de Iustinien, à cause qu'il fauorisoit les derniers, n'auoit point d'autre fondement. Et les partis dont parle Chalcondyle, des *Mauroprobates* & des *Asproprobates*, en Tartarie, Perse, & Turquie, qui furent assoupis par Ismaël Sophi aussi heureusement, que ceus des Roses blanche & rouge dans l'Angleterre par le Roy Henry septiéme, peuuent estre rapportez au mesme principe, quoy que l'interest d'Estat y fust tres-puissant. Or pour vous iustifier mon sentiment, que vous auez desia peu voir dans quelques Traitez Sceptiques de ma ieu-

Des Couleurs.

nesse, ie vous veus communiquer icy de certaines obseruations que i'ay faites sur l'affectation des Couleurs, dont il n'y a aucune qui n'ait ses Partisans & ses aduersaires, tant l'esprit humain est plein de bigearrerie pour ce regard.

Nous nous reduirons aus principales, puis que le nombre en est presque infiny. Car selon le dire du Philosophe Phauorin dans Aulu-Gelle, la veuë remarque beaucoup plus de differentes Couleurs, que la langue n'en peut exprimer, en quoy la Latine a esté encore plus defectueuse que la Greque, comme la Françoise l'est sans

Lib. 2. cap. 26.

comparaison plus que toutes les deus. Platon monstre dans son Timée de quelle façon les Couleurs s'engendrent du mélange des vnes auec les autres, qui est si grand, qu'vn Autheur moderne a conté plus de quatre-vingts sortes de Iaune, tant la Nature se plaist icy, comme ailleurs, à la diuersité. Le second Timée, qu'on attribuë à Locre plustost qu'à Platon, establit quatre premieres Couleurs, dont toutes les autres ne sont que des participations confuses, & selon le plus & le moins. Mais Aristote qui a fait vn petit traitté des Couleurs, où il rapporte les simples aus Elemens,
& les

Des Couleurs. 225
& les moyennes ou composées à ce qu'elles tiennent des premieres, semble estre neantmoins d'opinion au second chapitre du deuxiéme Liure de sa Metaphysique, qu'il n'y ait qu'vne seule Couleur primitiue, qui est le blanc, dont le noir soit vne pure priuation, στέρησις λευκοῦ, ou comme il parle au quatriéme chapitre du troisiéme Liure de ses Meteores, οἷον ἀπόφασις. Il veut qu'il en soit de mesme que des Tenebres, qui paroissent n'estre rien autre chose qu'vne priuation ou denegation de lumiere; & il adiouste que toutes les Couleurs qu'il y a dans le monde, se font

P

de la permixtion du blanc & du noir. Ceus qui tiennent qu'elles ne sont que des portions de lumiere, ou des lumieres imparfaites qui couurent les substances, peuuent s'appuyer de cette authorité. Et quant aus Escriuains recens qui en mettent sept principales, c'est à sçauoir cinq moyennes, la Rouge, la Iaune, la Verte, la Bleuë, & la Purpurée ou Incarnate ; entre les deus extremes, qui sont la Blanche, & la Noire; ils tombent d'accord que la multiplication des autres, qui se font quãd celles-cy se broüillent, peut aller à l'infiny. Commençons donc par le Blanc, qui

Des Couleurs. 227

est comme la source commune de toutes.

La couleur Blanche est si lumineuse, qu'elle a esté presque par tout consacrée au Pere de toute lumiere, qui est Dieu. Platon nous fait voir cela dans ses Lois, & Ciceron à son imitation dans les siennes. Pythagore ordōnoit de mesme qu'on chantast des Hymnes à Dieu auec des robes blanches. Et l'Historien Ecclesiastique Socrate monstre leur excellence par celles de Moyse, de Salomon, & de Iesus-Christ. Le voyage de François Aluarez en Nubie, porte qu'il n'y a que la seule Tente du Negus ou Prete-

Lib. 6. cap. 20.

P ij

Ian, qui soit blanche dans tout son Empire, s'estant reserué cette Couleur & à ses Eglises. I'apprens d'vne autre Relation, qu'enuiron l'an six cens trente-six, Homar Prince des Sarrazins, trouua mauuais que des Peres Carmes eussent l'habit blanc, qu'il leur fit quitter, parce que c'estoit sa couleur & de ses plus grands Satrapes. Le Diademe d'Alexandre estoit blanc, si Lucien en peut estre creu. Ouiedo nous asseure que par toutes les Indes Occidentales, les bannieres blanches s'arboroient par ceus du pays en signe d'amitié. Et nous tenons la blancheur de nos Lys,

Dial. Diog. & Alexan.

Lib. 17. hist. ca. 16.

de mesme que celle de nos escharpes, & de la Cornette Royale, pour vn symbole de pureté aussi bien que de franchise. Ie ne m'engageray pas dans la preuue du grand auantage que reçoit le corps humain par la blancheur, à cause que personne d'entre nous n'en doute. L'on peut voir ce cry public pour la vente d'vn ieune homme dans Horace, *Lib. 2. Ep. 2.*

———————— hic &
Candidus, & talos à vertice
pulcher ad imos.

Et pour ce qui touche les femmes, il me suffira de remarquer comme la naissance de la belle Helene qu'on fait sortir de l'œuf d'vn Cigne, ne fut inuentée qu'à fin de nous faire comprendre sa blancheur extraordinaire, au iugement de Lucien.

<small>In Gallo, seu somn.</small>

Tournons maintenant la medalle, & nous trouuerons qu'en beaucoup de lieus le blanc passe pour vne couleur de mauuais augure. Trigault le dit de la Chine, où le dueil se porte auec des habits blancs. Et vous verrez dans vn discours de Ramusio sur les voyages de Marco Polo, que cela se pratiquoit encore dans la Tartarie. Le mesme Polo asseure que les habitans des Malabares peignent le Diable blanc. L'Elephant s'effarouche, dit-on, à la veuë de

<small>Lib. 3. cap. 20.</small>

Des Couleurs.

cette couleur, peut-estre à cause qu'il ne sçauroit souffrir la dissipation qu'elle fait des rayós visuels que le Noir reünit. Et pour ce qui est de nostre humanité, vous pouuez vous souuenir à l'esgard des hommes du Prouerbe *Nulla candidorum hominum vtilitas.* La blancheur n'est-elle pas la marque certaine de nostre caducité ? Et Aristote n'a-t'il pas prononcé de tous les animaux en general, que les blancs estoient bien plus infirmes que les bazanez? d'où vient le sale surnom de *Melampyge* que les anciens donnerent à Hercule, pour tesmoigner sa force, & son courage. C'est ce

Lib. de Color. cap. vlt.

qui a aussi donné lieu à l'imagination de Bodin, dont ie ne voudrois pas me rēdre garend, que nostre mot François *blanc*, venoit pluftoft du Grec βλαξ, qui fignifie lāguide & faineant, que du Latin *albus*. Quant aus femmes, fi les blanches ont tant de pouuoir fur nos affections, elles ont efté diffamées d'ailleurs par les appannages ordinaires de leur blancheur. On a dit à leur fujet, que toutes les herbes qui croiffent dans la Nege, font toufiours tres-ameres. Que l'argent pour eftre blanc, ne laiffe pas de marquer des lignes fort noires fur le papier. Et qu'il n'y a point de terres qui satisfassent moins ceus qui les cultiuent, que font les blanches. Certes ie trouue que la Nymphe Doris se raille plaisamment dans Lucien, de cette autre Galatée, que la blancheur rendoit vaine-insupportablement. Elle luy dit que ce n'est pas merueille qu'vn homme rustique, n'ayant qu'vn œil, & qui d'ailleurs estoit accoustumé au laict, & au fromage, ait creu que tout ce qui estoit blanc meritoit d'estre aimé. Voulons-nous bien sçauoir le prix de la blancheur *in puris naturalibus*? Considerons ces pays qui semblent auoir esté maudits de Dieu, & de la Nature, par des froidures, des sterilitez, & des horreurs espouuentables; nous trouuerons que tout y est paré de blanc, & que non seulement les hommes, mais encore le reste des animaux, les Ours, les Renards, les Cheureuils, les Autours, les Perdris, & les Corbeaus mesme au rapport de Blefkenius, y viuent dans vne parfaite blancheur.

Puis que le Noir est quelque chose de positif ou de reel, & non pas vne pure priuation côme nous le presupposions tantost, faisons y quelque reflexion. Il est vray que nous auons presque tous naturellement quelque horreur des Tenebres,

Des Couleurs.

qui constituent la premiere & la plus grãde de toutes les Noirceurs. Nous nous imaginons de mesme que l'Enfer est noir, & que tout ce qu'il contient porte les mesmes liurées. Les anciens tiroient leurs plus mauuais augures d'vn oyseau noir,

Nigraque funestum condidit Ouid.
omen auis.

Le symbole de Pythagore pour s'abstenir de ceus qui ont la queuë noire, s'interprete des hommes vicieus, dont il faut fuyr la frequentation,

Hic niger est, hunc tu Roma- Horat.
ne caueto;

Ce qui me fait souuenir de la pensée de cét Italien, qui tire son *malandrino*, non pas de *mal' andare* comme les autres, mais de μέλας & du genitif αἰδρός, pour dire que les méchãs hommes sont ordinairement noirs, & de mauuaise rencontre. Adioustons à cela que nous faisons nos habits de dueil de cette couleur, qui donne vn si mauuais presage, que les Turcs ne souffriroient pas qu'vne personne vestuë de noir se presentast deuant leur Grand Seigneur.

C'est neantmoins tout le contraire en beaucoup d'endroits. Chez nous-mesmes les plus honnestes gens s'habillent de noir. *Ni sabre Dios Senor, ni*

Des Couleurs. 237

sobre negro ay color, dit l'Espagnol, qui le defend expressément au Bourreau par ses Ordonnances. L'histoire des Incas nous fait voir, que ces grands Monarques du Perou ne portoient gueres d'autre couleur, l'estimant plus que toutes celles qui esclatent ; & qu'ils preferoient l'aigneau noir à tout autre dans leurs sacrifices. Il y a des lieux, comme à Narsingue dans l'Inde Orientale, où ils noircissent non seulement leurs Idoles, mais la figure mesme du Tout-Puissant. Herodien nous apprét que les Pheniciens auoient aussi vne pierre noire pour la representation du Soleil, qu'ils

Lib. 5.
hist.

adoroient sous le nom de Helæogabale. Et s'il est permis de mesler les choses sainctes auecques les profanes, la Vierge nous est representée par sainct Luc, & sur sa copie en beaucoup d'Eglises, de la mesme couleur. Aussi n'est-elle pas incompatible auecque la beauté. L'Espouse du Cantique, celle de Moyse, la Reyne de Saba, vne Andromede, & tant de belles Mores & Abyssines, qui rauissent encore tous les iours les cœurs de ceus qui les contemplent, en sont des preuues plus que suffisantes. Et l'on peut voir dans l'Affrique de Iean Leon, comme les femmes de

Lib. 3.

Des Couleurs. 239

Fez noirciſſent auec de certaines feuilles, les mains & les pieds des Eſpouſées, pour les rendre plus belles. Les Dents meſmes dont nous eſtimons ſi fort la blancheur, ſe noirciſſent encore ſoigneuſement au Iapon, & en quelques contrées de l'Amerique, par celles qui veulent eſtre agreables; comme les femmes Tartares, & les Moſcovites, rendent auec artifice leurs ongles les plus noirs qu'elles peuuent, à ce que dit Guaguin dans ſa Sarmatie. L'on n'a donc pas les meſmes penſées de la Noirceur par toute la Terre, qui n'a point de plus certaines marques de ſa fertilité, que cette couleur.

Il n'est pas raisonnable que les autres nous arrestent autant que ces deus primitiues que nous venons d'examiner. Contentons-nous de dire de la Iaune, que si elle passe pour la liurée des Ialoux, comme elle est celle des Iuifs en beaucoup de lieus, des femmes de ioye en Ethiopie, & des traistres en France, où l'on barboüille de iaune le portail de leurs maisons, selon que celle de Charles de Bourbon le fut, pour marque de sa felonie sous François premier : D'autres la considerent pour la bien-aimée du Soleil, qui ressemble à l'or, fils aisné

Des Couleurs. 241

aiſné de ce bel Aſtre, & qui eſt dediée au culte diuin en de certains endroits, comme chez les Abyſſins, & au Pegu, où les Preſtres la portent priuatiuement à tous autres. C'eſt auſſi la couleur du Roy de la Chine, & qui rend criminel de leze-Maieſté, celuy qui ſeroit ſi hardy que de la prendre dans ſon Royaume, ſi le teſmoignage du Pere Trigault eſt ſuffiſant pour le croire. Elle ſert de fard aus femmes Canariennes, & aus Seigneurs meſmes des Iſles du meſme nom, qui expriment les vns & les autres par ſon moyen leurs affections, dit Cadamoſte. Belon donne pour

Q

constant que les Egyptiennes appliquent du Iaune non seulement sur leurs cuisses, mais mémesur leurs parties honteuses, pour estre plus recherchées. Et du moins sçauons nous auecque certitude, que les Dames d'Islande ne changeroient pas leurs toiles iaunes & saffranées, contre les plus blanches que nous ayons.

Le Verd est le blason de ceus qui esperent, mais on l'attribuë aussi aus Fous, & aus Cessionnaires dans nostre Europe. Par tous les Pays où s'estend la religion de Mahomet, c'est la plus honorable de toutes les couleurs, à cause qu'il l'a tousiours aimée. L'Enseigne verte depuis luy, est tousiours la premiere dans les armées des Musulmans. Ceus de sa race, comme sont les Xerifs, ont droict de s'en parer. Et les Tartares seuls osent mettre sur leur teste le Turban verd, que les Turcs portent blanc, & les Perses de couleur rouge. Mais le plus grand Eloge qu'on puisse donner au Verd, se prend de ce qu'il est susceptible de toutes les autres couleurs, & les contient mesme toutes en soy par puissance, comme nostre cher Gassend l'a remarqué dans ses Exercitatiõs contre le Medecin Flud, expliquant pourquoy quelques Ca-

p. 228.

ballistes, ont nommé l'Ame du monde vne ligne verte, & se sont seruis de cét axiome, *Benedicta viriditas, res omnes faciens germinare.*

Quant au Bleu, il sert de champ aus Fleurs-de-Lys de nos Roys. Et si les Peintres sont bons iuges des couleurs, l'Azur est la plus precieuse de toutes celles qu'ils employent. Il n'y en a point qui soit particulieremét nommée celeste que celle-là. Et quoy qu'elle ne semble pas fort propre à composer le teint des femmes, si est-ce que celles qui passent pour Arabes dans l'Affrique, à ce que i'apprens de leurs Relations, s'en met-

Des Couleurs. 245

toient autrefois sur le visage, & sur le sein, ne se contentant pas d'en charger leurs bras, & leurs mains, tant elles ont creu auantager par là ce qu'elles auoient de bonnes-graces naturelles. Il me suffit pourtant d'opposer à toutes les recommandations de cette couleur, qu'elle est tenuë pour mortuaire dans vne grande estenduë du Leuant, où l'on ne porte le dueil qu'en Bleu, & où l'on n'oseroit paroistre deuant les Roys auec vn habit de si triste liurée ; comme pour la mesme raison, l'on ne prononce iamais en leur presence la facheuse parole de la mort, ceus qui sont obligez d'en parler
Q iij

vsant tousiours de circonlocution, ce que ie me souuiens d'auoir leu dans la douziéme partie des voyages faits aus Indes Orientales.

p. 40.

Les deus Couleurs qui nous restent des sept principales, sont la Rouge, & la Pourprée ou Incarnate, dont ie ne feray qu'vn article, parce que nous les confondons souuent dans nostre langage ordinaire, & qu'à l'esgard de mon dessein, i'ay desia esté bien plus long que ie ne m'estois d'abord proposé de l'estre. Diogene nommoit le Rouge la couleur de la Vertu. Ie ne sçay si c'est ce qui oblige le Roy de Iogde, dont parle Louys Bartheme, à ne se monstrer iamais en public qu'auec le vermillon du Sandrach sur le visage, dont il rougit aussi ce qui paroist du reste de son corps. Il n'y a que les Temples dans la Chine où l'on ose employer le Rouge. Le souuerain Pontife de Hierapolis portoit luy seul vne robe de cette couleur. La Pourpre a tousiours esté vne marque de Souueraineté. Ce fut pourquoy Scipion la quitta, & se vestit de blanc, deuant se trouuer auec le Roy Iuba, qui luy fit sçauoir superbement, dit Oppius, deuant leur entreueuë, qu'il n'y auoit point d'aparence qu'on les

Trigau.

Luc. in Syr. De.

De bel. Alex.

veïst tous deus auec vne liurée Royale. Les Espagnols ne quiteroient pour rien du monde leur escharpe rouge pour vne autre; & leurs femmes par cóplaisance s'en couurent presque toutes le visage. Il est vray qu'elles ne sont pas seules qui employent ce colorit. Nos Dames Françoises, ne s'en preualent pas moins qu'elles auiourd'huy. Et iusques à celles de Moscovie, à peine en trouuet'on, dit Margeret, qui n'vsent de ce fard. Garcilasso de la Vega asseure que les Indiennes du Perou auoient la méme coustume.. Mais que dirons-nous des hommes qui n'ont pas voulu ceder aus femmes pour ce regard ? Caracalla fit tort à sa beauté naturelle, selon le texte d'Herodien, s'appliquant du Lib. 5. vermillon sur les ioües, *Pictis oculis genisque purpurissatis*. Busbec obserue dans sa premiere Epistre, que le Sultan Soliman, se voyant blesme & moribond, rougissoit aussi ses ioües auec le mesme artifice, pour tromper les Ambassadeurs residens à sa Porte, & leur faire auoir bonne opinion de sa santé. Et Platine rapporte du Pape Paul deuxiéme, que quand il deuoit paroistre en public, sa coustume estoit d'embellir son visage auecque des compositions, où la couleur dont nous parlons n'estoit pas espargnée. Cependant elle est considerée par d'autres comme le symbole de la cruauté, qui anime le soldat au carnage, aussi bien que les Taureaux & les Lyons, à cause de la rougeur du sang qu'ils respandent en toutes occasions. Le Bourreau qui est nay de mesme pour son effusion, & qui n'oseroit se vestir de noir en Espagne, comme nous l'auons tantost remarqué, y est ordinairement habillé de Rouge, s'il ne l'est de Iaune, le chois luy estant laissé de l'vne de ces deus Couleurs. Et tous ces auantages que nous auons

Des Couleurs. 251
attribuez à la Pourpre, n'empeſchent pas qu'il n'y ait des Vers Porphyrogenetes, auſſi bien que des Empereurs; & qu'on ne voye vne infinité de perſonnes qu'elle rend pluſtoſt ridicules qu'autrement, *tanquam Simias in purpura*, tant s'en faut qu'ils en doiuent tirer de l'auantage.

Vne ſi grande diuerſité de ſentimens, ſur l'eſtime ou le blaſme de ces premieres Couleurs, vous doit aſſez faire voir ce qui ſe peut dire des ſubalternes. Pourquoy voudriez-vous donc me contraindre de prendre party là deſſus, & pour vous fauoriſer, de deſobliger ceus auec qui vous estes entré en de si fortes contestations? I'ayme bien mieux me ranger du costé de ce Philosophe, à qui l'on dit que toute sorte de Couleur venoit bien,

Omnis Aristippum decuit color.

Et puis, vous sçauez la profession que ie fais de douter, qui me doit seruir d'vne excuse suffisante, si ie n'vse pas icy de plus de complaisance.

DV
MENSONGE.

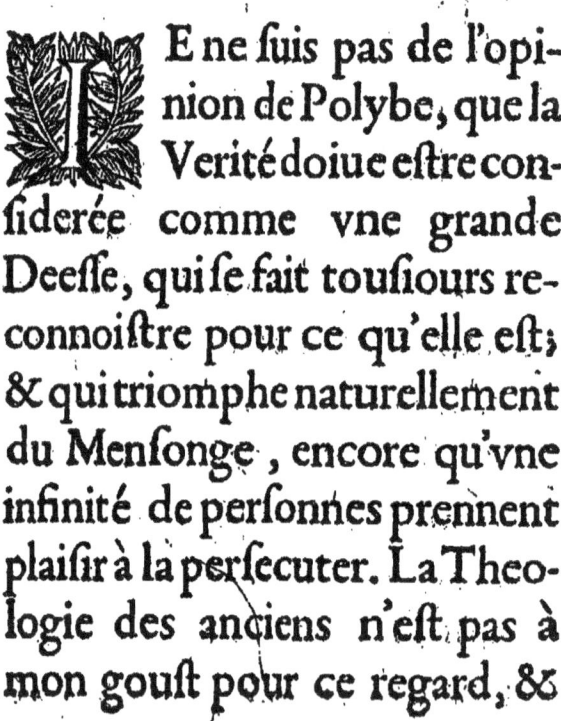E ne suis pas de l'opinion de Polybe, que la Verité doiue estre consideréé comme vne grande Deesse, qui se fait tousiours reconnoistre pour ce qu'elle est; & qui triomphe naturellement du Mensonge, encore qu'vne infinité de personnes prennent plaisir à la persecuter. La Theologie des anciens n'est pas à mon goust pour ce regard, &

quand ils facrifioient nuë tefte à Saturne, comme au Dieu Tutelaire de cette mefme Verité, pour dire que toft ou tard le Tems la mettoit en euidence, ie penfe qu'outre l'Idolatrie, l'on peut leur reprocher qu'ils philofophoient fur vn mauuais fondement. Car i'entre volontiers dans le fentiment de Democrite, me perfuadant que s'il y a quelque Verité icy bas, il la faut chercher au plus profond du puis de ce Philofophe, pluftoft que parmy nous, qui n'en connoiffons prefque autre chofe que le nom, quelque peine que l'Efchole ait prife de penetrer iufques dans fon Effence.

Du Mensonge. 255

Et neantmoins nos plus serieuses Estudes n'ont point d'autre but que sa connoissance, où chacun se promet de trouuer vne digne recompense de ses veilles. Mais ie m'en rapporte à ceus qui ont dauantage pené dans cette belle recherche, & auec le plus de succez, s'ils ont iamais peu obtenir la fin qu'ils s'estoient proposée ; & si tout au contraire ils ne se sont pas tousiours apperçeus, que plus ils faisoient de chemin pour cela, moins ils auançoient vers vn terme qui n'a nulle proportion auec les forces de nostre esprit. Auoüons-le franchement, la Nature nous a bien donné l'inſtinct de ſçauoir la verité des choſes, & meſme les inſtrumens qui ſemblent propres à cette pourſuitte; mais certes nous n'auons pas ceus qui ſeroient requis pour la poſſeſſion, ny pour en prendre des notions parfaites. C'eſt ce qui fit inuenter à Platon ce monde Intelligible, qu'il oppoſoit au Senſible que nous habitons, logeant la Verité dans le premier, comme dans vn ſejour inacceſſible à noſtre humanité, & l'Opinion dans celuy-cy, où elle regne parmy des doutes & des incertitudes, qui nous empeſchent ordinairement de diſcerner le vray du faux, auſſi bien

que

Du Mensonge. 257

que le Vice de la Vertu. Or puis que Dieu & cette mesme Nature ne font rien en vain, ne nous donnant iamais de tels appetits illusoires pour nous tromper, n'en pouuons nous pas tirer vn puissant argument de nostre immortalité? & d'vne vie meilleure beaucoup plus esclairée que celle-cy? où nous satisferons à tous ces desirs naturels de connoistre & de sçauoir, contemplant face à face celuy qui a dit qu'il estoit la lumiere, la vie, & la Verité mesme. Cependant quoy que nous soyons contrains de prendre presque tousiours les Vray-semblances pour des Veritez, & de

R

nous contenter de l'apparent au lieu du certain & de l'infallible qui n'est pas de ce siecle ; rien n'empesche du moins que nous ne detestions sur toute chose le Mensonge, comme l'ennemy mortel de cette supreme Verité; & ie ne croy pas que nous puissions mieus faire que d'habituer nostre ame aus reflexions capables de nous donner toute l'auersion, qu'on doit auoir d'vn vice d'autant plus à craindre, qu'il est le plus commun de tous. Voicy celles qui m'ont souuent seruy d'entretien dans ma solitude.

Si la parole de l'homme est l'vnique lien de toutes les so-

Du Mensonge.

cietez ciuiles, quand elle sert de fidele interprete à l'esprit; on ne sçauroit nier qu'elle ne deuienne l'instrument de leur destruction, & la ruine certaine des Polices, lors qu'elle s'acquitte mal de sa charge, & qu'elle substituë vne chose fausse au lieu de la Verité. Cela monstre euidemment qu'entre tous les defauts de nostre humanité, il n'y en a point qui soit de si grande consequence que celuy du Mensonge, ny qu'on doiue par consequēt plus soigneusement esuiter. Aussi a-t'on tousiours fort estimé l'instruction que donnoient les Perses à leurs enfans depuis cinq iusques à vingt ans. Elle confiſtoit, au raport d'Herodote, en ces trois points; Le premier, de bien tirer de l'arc; le ſecond, de monter à cheual auec adreſſe; & le troiſiéme, qu'ils eſtimoient le plus important de tous, de ne mentir iamais. Le meſme Autheur adiouſte que de deus choſes qu'ils tenoient les plus honteuſes dans la vie, la principale eſtoit le menſonge, & l'autre d'eſtre endebté, à cauſe ſur tout que celuy qui doibt ſe trouue le plus ſouuent reduit à l'infame neceſſité de mentir. Nous liſons de meſme dans Philoſtrate, que les Loix des Indiens declaroient incapable

Lib. 1. hiſt.

Lib. 2. de vita Apoll. cap. 12.

de tenir aucune Magistrature, quiconque pouuoit estre conuaincu de mensonge, par cette raison expresse, qu'il auoit en cela blessé le public, qui ne sçauroit subsister sans la fidelité du langage. Et Diodore Sicilien Lib. 1. asseure que les Egyptiens furent encore icy plus rigoureus, puis qu'ils punirent de mort les pariures, comme des impies enuers Dieu, & des pestes à l'esgard des hommes, dont ils ruinent la confiance, & par elle ce qui nous fait viure en communauté. Car il s'est trouué des personnes qui ont osé soustenir, que le Mensonge estoit dans vne façon de conceuoir plus execrable que l'Atheifme, puis que l'Athée ne fait rien que mécroire vn Dieu; là où celuy qui viole fa parole & fa foy, tefmoigne qu'il le mefprife, dans la crainte qu'il a d'offenfer quelqu'vn; fe monftrant hardy contre le Ciel, & poltron enuers les hommes. Quoy qu'il en foit, ce grand Empereur Philofophe qui nous a donné fa vie par efcrit, prononce nettement au commencement de fon neufiéme Liure, qu'on ne fçauroit mentir fans impieté, ou fans offenfer la Nature & cette premiere Verité, qui eft l'ame de l'Vniuers, dont l'impofteur trouble l'ordre, & confond les

Marc-Anton.

reglemens autant qu'il est capable de le faire. Ce qui me donne le souuenir du reproche que les Bonzes, ou Prestres Idolatres du Leuant, firent au Bienheureus François Xauier, sur ce qu'ils remarquerent comme pour nommer Dieu, il disoit, celuy qui auoit creé le Ciel & la Terre. Car parce qu'en leur langue, qui estoit celle des Iaponnois, le Mensonge s'appelle *Diusa*, ils imputerent, sur l'allusion du mot, à ce Sainct homme, qu'il accusoit le Roy du Ciel d'estre vn menteur, & qu'il faisoit autheur de la fausseté, celuy qui est la source de toute Verité.

Mendez Pinto cap. 213.

R iiij

Mais bien que tous les hommes soient obligez de detester le Mensonge, il n'y en a point qui le doiuent haïr à l'esgard de ceus qui ont quelque amour pour la Philosophie. Car si elle n'est rien autre chose qu'vne ardente recherche de la Verité, & vn extreme desir de la connoistre; il faut necessairement qu'elle ait pour contraire le Mensonge, & qu'elle en fasse son capital ennemy. Quelques vns ont dit, que si Dieu auoit à se reuestir des deus parties qui nous cõposent, la lumiere seroit indubitablement son corps, & la Verité son ame. Cela reuiẽt à la pensée que Pythagore se van-

Malch. de vita Pythag.

toit d'auoir apprife de certains Mages, qui affeuroient que le grand Oromafde, nommant ainfi le Tout-Puiffant, reffembloit parfaitement quant au corps à la lumiere, & quant à l'ame à la Verité. C'eft pourquoy ce Philofophe ne recommandoit rien fi precifément à fes difciples, que le foin d'eftre toufiours veritables, parce qu'à fon dire c'eftoit le feul moyen de fe rendre femblables à Dieu. Or fi ces chofes ont efté bien imaginées de la forte, il n'y a point de doute que par la doctrine des contraires, les tenebres deuront feruir de corps à celuy que nous reconnoiffons pour autheur de toute malice, & que le Mensonge sera comme la Forme qui animera ce corps tenebreus : D'où il s'ensuit encore, qu'autant de fois que nous mentirons, nous pratiquerons ce qui nous peut donner le plus de ressemblance au Diable. Quand Platon proteste au cinquiéme liure de sa Republique, qu'il ne reconnoit pour vrais Philosophes que ceus qui ont vne enuie passionnée de cónoistre la Verité, τυὶς τῆς ἀληθείας φιλοθεάμονας; il monstre bien par là, qu'ils ne doiuent auoir rien tant à contre-cœur, comme la fausseté ou l'imposture. Et lors qu'il dit dans son Symposé, que

Du Mensonge. 267

cette mesme Verité est la plus douce nourriture que nous pouuons donner à nos Ames, il tesmoigne assez qu'il tenoit le Mensonge pour le plus mortel poison dont elles puissent estre infectées. C'est la mesme chose de ce que prononcent les Peripateticiens, que le Vray est la perfection de nostre Entendement, parce que cette proposition ne peut subsister sans cette autre, que le Faux est l'imperfection de nostre Esprit, dont par consequent il est obligé de tesmoigner vne extreme auersion.

Beaucoup doiuent s'estonner là dessus, de ce qu'Aristote

apres auoir engagé les Philosophes dans vn si estroit attachement à la Verité, ne laisse pas de les nommer *Philomites* ou amateurs des Fables, bien qu'elles ne puissent passer que pour d'ingenieus contes, & d'agreables Mensonges. Il en rend neantmoins vne raison au second chapitre du premier liure de sa Metaphysique, qui peut seruir de solution à cette difficulté, puis qu'il ne dit pas qu'vn Philosophe aime les Fables, comme contraires à la Verité, mais seulement à cause qu'elles sont pleines d'admiration, ce qui recrée l'esprit par la nouueauté, & luy donne sujet de

Du Mensonge. 269

s'exercer agreablement à la recherche du sujet pour lequel elles ont esté inuentées. Quelques-vns adioustent que la Fable n'ayant point de bornes dãs sa narration, nostre ame s'y attache volontiers comme estant d'vne nature infinie, par cette sympathie qui lie naturellemẽt les choses qui ont de la conformité. C'est ce qui fait soustenir à Sextus l'Empirique, que le Mensonge a plus de pouuoir sur nostre esprit par son agréement, que la Verité, qui est presque tousiours seuere, & qui ne se soucie iamais de la complaisance, ψυχαγωγεῖ δὲ μᾶλλον ὃ ψεῦδος, ἢ τ' ἀληθές. L'Empereur

<small>Lib. 1. aduer. Math.</small>

Iulien veut encore dans vne de ses Oraisons, que les Fables n'ayent esté renduës si absurdes & si incroyables que nous les voyons, qu'afin de porter les hommes d'entendement à la recherche des Veritez qui se trouuent enueloppées sous leur escorce. Et certainement les discours enigmatiques ou obscurs arrestent dauātage l'esprit, que ceus qui sont d'vne plus facile intelligence. Vne seule lettre Hieroglyphique demande toute nostre attention. Et l'on est bien plus curieus de considerer le Soleil dans son eclypse, que dans sa lumiere ordinaire. Outre qu'on peut dire que ce voile

Orat. 5. in matr. Deo.

dont la Fable couure de tres-importantes veritez, ne les cache pas tant d'vn costé, qu'elle les rend plus considerables d'vn autre ; de mesme que les ombres d'vn tableau seruent moins souuent à l'obscurcissement de ce que le Peintre ne veut pas faire voir tout à nud, qu'à donner de la clarté au reste de son ouurage, & à le mettre dans vne plus sensible lumiere. Ce n'est donc qu'en faueur de la Verité que le Philosophe iette les yeux sur la Fable, & ce n'est pas ce Mensonge, ny ce masque noir & ridicule qui luy plaist, ouy bien cette belle Maistresse qui se l'est mis au deuant du visage, & qui se plaist à se deguiser pour se faire rechercher auec plus d'ardeur & de soin.

Aussi ne faut-il pas croire, que toute sorte de Mensonges ayent la mesme emprainte du vice. Il y en a de trois sortes selon sainct Thomas, d'officieus, de gaillards, & de pernicieus; dont il ne met que les derniers au rang des crimes qui sont punis d'vne mort eternelle. La Morale des Gentils estoit mesme beaucoup plus indulgente icy que la nostre. Car ils faisoient vne Vertu de certains mensonges charitables, tels qu'estoient ceus de Socrate dãs ses dissimulations ordinaires.

Xenophon

2.2.qu. 110.

Arist. l. 4. Eth. Nic. ca. 13.

Du Mensonge. 273

Xenophon monstre que le de- *in Cyro.*
uoir des Roys les oblige souuent à mentir, pour le salut du peuple qui leur est soumis. Darius proteste dans Herodote que pour opprimer le faux *in Thalia.* Smerdis il mentira hardiment, parce qu'il y a des occasions où cela se doit faire. Et quoy que *Lib. 10.* l'Autheur du Roman Ethiopique fust Chrestien, il ne laisse pas de faire prononcer à sa Chariclée qui estoit Payenne, qu'vn Mensonge est tousiours fort recommandable, lors que sans nuire à personne il est vtile à ceus qui le disent. Nostre Theologie ne tombe pas d'accord de toutes ces maximes ; & quoy

S

que l'vn & l'autre Testament fournissent des exemples qui semblent authoriser quelques mensonges, l'interpretation qu'elle leur donne va à decider, qu'il n'y en a point qu'on ne doiue tenir pour vn mal, encore que ceus qui se disent à bon dessein, ou par vn ieu innocent, ne soient pas du nombre des mortels, comme les autres que nous venons de nommer pernicieus. Car bien que la Verité, toute noble qu'elle est, n'ait pas ce priuilege de pouuoir estre employée à toute heure vtilement, & que dite hors de saison elle blesse sans profit, comme vne medecine

Du Menſonge. 275
donnée mal à propos, ce n'eſt pas à dire neantmoins qu'il ſoit permis de ſubſtituer le Menſonge en ſa place. *La verdad es verde*, dit l'Eſpagnol, elle eſt par fois ſi verte & ſi aigre au gouſt, qu'il n'eſt pas poſſible de la faire agreer. Et c'eſt pour cela qu'on a conſideré trois Meres de fort excellente beauté, qui ont engendré les trois plus difformes Enfans qu'on ſe puiſſe imaginer, comme trois belles Nymphes autant de Satyres, la familiarité qui fait naiſtre le meſpris, la paix qui donne lieu à la negligence, & la Verité qui cauſe la haine. Si ne faut-il pas s'imaginer pourtant

S ij

qu'vne chose dite faussement puisse estre iamais desguisée de telle façon, qu'elle ne soit toûjours d'elle mesme desagreable à Dieu. Quand il recompensa les Sages-femmes Iuifues, qui n'auoient pas voulu procurer la mort aus fils de celles qu'elles faisoient accoucher, trompant le Roy d'Egypte par vne response contraire à la Verité, le texte de l'Exode porte que ce fut à cause qu'elles auoient craint d'offenser celuy qui a defendu toute sorte d'homicide. Et sainct Augustin dit d'elles, aussi bien que de cette pecheresse Rahab qui sauua dans Hierico les espions de Iosué, qu'el-

Lib. cõ-tra men. cap. 15. Greg. l. 18. mor. cap. 2.

les receurent toutes le salaire de leur bonté, mais non pas de leur mensonge, *Non est in eis remunerata fallacia, sed beneuolentia; benignitas mentis, non iniquitas mentientis.* Iudith n'est pas loüée non plus, dit sainct Thomas, pour auoir trompé Holoferne par ses discours; l'Escriture Saincte ne donne pour exemple que son zele vers le peuple de Dieu, & sa hardiesse à s'exposer au peril pour le salut de son pays. Ce seroit bien pis si l'on tomboit dans l'erreur des Priscillianistes, qui creurent que Dieu auoit pris plaisir par fois à mentir. S'il fit annoncer au Roy Ezechie par

2.2.qu. 110. art. 3. ad 3.

le Prophete Isaie, qu'il donnast ordre aus affaires de sa maison, parce qu'il estoit pres de sa fin, bien qu'il ne mourut que quinze ans depuis ; ce que le Prophete disoit, ne laissoit pas d'estre vray dans le cours ordinaire des causes naturelles, qu'il pleut à Dieu par sa Toute-Puissance de changer apres la priere & les pleurs de ce Prince. Et lors que Ionas fit sçauoir aus Niniuites, qu'ils n'auoient plus que quarante iours à passer, au bout desquels leur ville deuoit perir, il faut prendre cela pour vne menace de ce qui fust sans doute arriué sans leur penitence. Plusieurs passages du texte Sacré, pleins de figures & de prophéties, ont besoin de semblables expositions, que les Peres de l'Eglise leur ont tousiours donné. Du surplus il faut se tenir à la regle generale, que tout Mensonge est criminel dans son opposition à la supreme Verité. Tous ceus qui le proferent Dieu les perdra, dit Dauid. Psal. 5. La bouche menteuse cause la mort de l'ame, dans Salomon. Sap.c.1. Et l'Ecclesiastique nous asseure Ecclef. qu'il vaudroit mieus conuerser cap. 20. auecque des Larrons, qu'auec ceus qui ne font que mentir; ou, qu'vn Voleur de nuit n'est pas tant à detester comme celuy qui ment incessamment; encore que l'vn & l'autre ne puissent euiter leur condemnation, *Potior fur, quàm assiduitas viri mendacis ; perditionem autem ambo hæreditabunt.*

Ie sçay bien que la doctrine des Equiuoques reçoit beaucoup de difficultez, à cause de leur ressemblance au Mensonge. Le mauuais vsage où ils sont presque tousiours employez les rend condemnables d'vn costé, & l'authorité de plusieurs grāds hommes qui s'en sont seruis à bonne fin, semble les excuser. Lors que Dieu mesme dit qu'il ne sçauoit pas le iour du Iugement final, cela ne sçauroit se prendre à la lettre, puis qu'il n'ignoroit rien, & on l'interprete

Du Mensonge. 281
ordinairement de ce qu'il ne le sçauoit pas pour le reueler. Mais il y a trop de disproportion de luy à nous, pour tirer des consequences de la façon dont il s'expliquoit à la nostre. La connoissance certaine & immediate qu'il auoit du cœur des hommes, luy a fait rendre beaucoup de responses qui regardoient plus l'interieur de leurs pensées, que l'exterieur de leurs demandes. Il ne respondoit pas d'ailleurs à ceux là seulement qui l'interrogeoient : Ses paroles s'addressoient souuent à nous qui sommes venus apres tant de siecles, aussi bien comme à eus : Et il faut les considerer

comme celles qui visoient au bien de tout le genre humain. Ne soyons donc pas si temeraires que de nous attribuer ce qui est possible reserué à celuy-là seul, qui rend les choses vrayes par la conuenance qu'elles ont auec son entendement, comme il n'y en a point de bonnes que celles qui ont vn parfait raport à sa volonté. Le plus seur est de parler rondement, de fuïr les subtilitez qui peuuent deceuoir, & de n'vser iamais de ces euasions mentales dont la plusaprt du monde demeure scãdalisé. Ie ne pretens pas nier neantmoins, qu'on ne puisse auoir de certaines reserues

Du Mensonge. 283

d'esprit, qui exemtent vn discours de Mensonge. L'eschole l'enseigne tous les iours, quand elle dit *Abstrahentium non est mendacium.* Et le seul exemple de Samuel, qui asseura par l'ordre d'enhaut, qu'il estoit venu en Bethleem pour sacrifier, bien que le principal sujet qui l'y amenoit fust celuy de donner l'onction au plus ieune des huit enfans d'Isai, suffit pour prouuer qu'il y a de ces retenuës ou reseruations en parlant, qui ne sont pas tousiours condemnables. Il faut bien prendre garde pourtant qu'elles ne soient frauduleuses, ou pratiquées auecque mauuaise intention.

1. Reg. cap. 16.

Vn des bons mots de l'Empereur Charles-quint fut, qu'il ne faloit pas se defier de ce que disoit le Cardinal de Tournon, mais pluftost de ce qu'il ne disoit pas. C'estoit sans doute luy attribuer vne finesse accompagnée de tromperie & qui doit estre blasmée, en faisant mine de le descharger du Mensonge. Souuenons-nous dans toute cette matiere de la maxime de sainct Augustin, qu'on ne doit iamais prendre pied sur de certaines paroles ou actions, qu'on croyroit mauuaises, si elles n'auoient esté commandées du Ciel, & si l'esprit de Dieu n'y estoit interuenu par

Lib. 1.
de Ciu.
Dei c.21
& 26.

vne insinuation particuliere.

Comme les amateurs de la Verité sont fort simples, ceus qui se plaisent au Mensonge vsent ordinairement de beaucoup d'artifice, *Vulpes foueas habent, filius autem hominis non habet vbi caput reclinet*, pour appliquer icy ce passage de l'Euangile apres Clement Alexandrin. Tirons-en des preuues de l'Histoire anciéne & moderne, où les Equiuoques ont souuent seruy de couuerture à de tresgrandes perfidies. Ceus de Barcé dans Herodote furent trompez de la sorte traittant auec Amasis sous ces termes, d'entretenir de part & d'autre

Math. 8.
Luc 9.

Lib. 1.
Strom.

Lib. 4.

leurs conuentions autant de tems, que la terre qu'ils fouloient aus pieds seroit ferme, qui est vne façon de parler ordinaire pour designer l'Eternité. Cependant Amasis auoit fait creuser l'endroit où ils estoient & recouurir de terre exprez, si bien qu'il n'eut qu'à oster ce qui soustenoit la couuerture de cette fosse, pour faire tout choir dedans, & maintenir qu'il estoit quitte de ce qu'il auoit promis, puis que le lieu n'estoit pas demeuré ferme; se rendant maistre au mesme tems de la ville de Barcé qui fut surprise par ce moyen, dautant qu'elle s'asseuroit sur la bōne Foy d'vn Traité

Du Mensonge. 287
frauduleus. Celuy des Locriens auec les Siciliens dont parle Po- Lib. 12. lybe ne fut pas plus subtil, ny moins à la ruine des derniers. Les premiers mirent de la terre dans leurs souliers, & cacherent des testes d'ognons sur leurs espaules, iurant en suite qu'ils demeureroient bons amis ensemble aussi long-tems, que la terre qu'ils auoient sous les pieds les soustiendroit, & qu'ils porteroient les testes qui estoiét sur leurs espaules. La terre & les ognons furent bien-tost iettez, & les Siciliens chassez aussi-tost apres auec protestation de la part de ceus de Locres, que les termes de leur conuention

auoient esté obseruez. Athenée raporte qu'Iphiclus tenant assiegé Phalantus dans vne place forte de l'Isle de Rhodes, la reddition s'en fit à la charge que l'assiegeant fourniroit à l'autre des vaisseaux pour se retirer, mais qu'il les donna sans gouuernail, sans auirons, & sans voiles, disant qu'il n'estoit pas obligé à dauantage. Il faut ioindre à cela le trait que fit Q. Fabius Labeo à ce Roy Antiochus qu'il vainquit. Leur accord portoit que la moitié des nauires de ce Roy demeureroient aus Romains. Labeo pour l'en priuer tout à fait les fit toutes coupper en deus, luy

Lib. 8. deipn.

Val. Ma. l. 7. c. 3.

offrant

offrant le chois de l'vne des deus portions. Que dirons-nous de ce qu'Alexandre le Grand fit charger & defaire des gens fortis d'vne place, qui luy reprochoient fon manquement de parole, repliquant qu'il leur auoit bien promis de les laiſſer partir ſeurement, mais non pas de leur eſtre fauorable en tous lieux? Vn autre General d'armée qui auoit arreſté vne treve de trente iours, ne laiſſoit pas de faire des courſes, & de commetre des hoſtilitez toutes les nuits, ſur ce pretexte qu'elles n'eſtoient pas compriſes dãs ſon Traitté. Selon ces belles interpretations nos anciens Gau-

Diod. Sic.l.17.

Cic.1.de Offic.

lois qui ne comtoient que par les nuits, eussent peu combatre tous les iours, quelques treves qu'ils eussent accordées en- tr'eus. Nous lisons dans Cle- ment Alexandrin qu'Aristote le Cyreneen ayant promis à cet- te celebre Courtisanne Laïs de l'emmener auecque luy lors qu'il retourneroit en son pays, si elle l'obligeoit dans quelque affaire, se contenta d'y eriger sa statuë, croyant s'estre acquitté par là de son serment. Vn Ma- ximinus qui commandoit dans Rome du tems de l'Empereur Valens, & qui auoit promis de ne faire mourir personne ny par le fer, ny par le feu ; faisoit

Lib. 3. Strom.

assommer à coups de plomb, dit Ammian Marcellin, ceus qui s'estoient fiez en sa parole. Lib. 28. hist.
Car les Romains n'ont pas esté plus Religieux icy que les autres, encore que Tite-Liue les vueille faire passer pour l'auoir esté dauantage du tems des premiers Consuls que du sien, quand il dit, *Nondum hæc quæ nunc tenet seculum negligentia Deum venerat, nec interpretando sibi quisque iusiurandum & leges aptas faciebat, sed suos potius mores ad ea accommodabat.* Dec. 1. lib. 3. Marius dans Appian est autheur au Senat de contenter le peuple Romain par vn discours equiuoque, luy promet- Lib. 1. de bello ciu.

tant d'obseruer la Loy que proposoit le Tribun du peuple Apuleius, *comme iuridique*, afin de n'y estre pas tenu autant de fois qu'on iugeroit à propos de declarer que le mesme Senat ne la tenoit pas pour telle, soit à cause de la violence dont on s'estoit seruy, soit pour quelqu'autre raison comme celle du Tonnerre, qui rendoit de nulle consideration tout ce qui se faisoit lors qu'on l'auoit entendu. Et quand ces Romains encore eurent pris le Roy Persée, engageant leur foy aus Dieus de Samothrace de ne luy point oster la vie, ils le firent mourir durant son sommeil, pour pouuoir dire

Du Mensonge. 293

qu'ils ne la luy auoient pas fait perdre, puis qu'on doute si ceus qui dorment doiuent estre mis au nombre des morts ou des viuans, ce que nous apprenons de la lettre de Mithridate au Roy Arsace, que raportoit Saluste dans le quatriéme liure de ses Histoires. On peut voir dãs celle des Turcs vne perfidie toute pareille, que le Sultan Soliman executa sur le mesme fondement. Il auoit iuré que tant qu'il seroit en vie il ne feroit point mourir le Bacha Hibraïm. Ayant pris depuis la resolution de le perdre, il commanda qu'on allast l'estrangler, aussi-tost que luy Soliman se-

T iij

roit endormy, souftenant pour sa iustification qu'vn homme qui dort n'est pas en vie.

Et puis que nous sommes entrez par là dans les exemples modernes, ie me veus souuenir icy sans sortir de l'Histoire Musulmane, de la cruauté dont vsa cét autre Sultan Mahomet à la prise de Negrepont sur Paolo Erizzo qui l'auoit vaillamment defenduë pour sa Republique. Ce Barbare fut si inhumain, que de faire scier par le milieu du corps le Gentilhomme Venitien que nous venons de nommer, auoüant qu'il luy auoit bien donné asseurance de sa teste en capitulant, mais non pas

Du Mensonge. 295
de la ceinture du corps. Nos Annales de France témoignent qu'vn Taſſile Duc de Bauiere, enſeignoit à ſes ſujets de ne faire le ſerment de fidelité à Charlemagne, que des levres ſeulement, retenant dans leur eſprit vne tacite aſſertion du contraire de ce qu'ils prononçoient, *Homines ſuos, quando iurabant, iubebat vt aliter in mente retinerent, & ſub dolo iurarent,* qui eſt la plus condemnable de toutes les fraudes qui ſe peuuent commettre au ſujet que nous traittons. Celle dont vſa l'Archeueſque de Mayence Hatton, pour liurer Adelbert à l'Empereur Louys troiſiéme, que

Du Cheſne tom. 2. p. 35.

T iiij

Luitprandus se contente de nommer Roy, est fort à detester aussi. Ce Prelat promit sur la foy de son caractere à Adelbert assiegé, qu'il le rameneroit sain & sauf, comme l'on dit, dans son chasteau, luy conseillant de venir parler à l'Empereur, pour s'accorder l'vn auec l'autre. Estant sortis sur cela, Hatton fit mine d'estre foible, & d'auoir besoin de manger, afin de rentrer ensemble, & d'auoir sujet de dire quand l'Empereur retiendroit & puniroit Adelbert, comme il fit, qu'il luy auoit tenu parole l'ayant vne fois remené dans sa place, puis qu'il ne s'estoit pas

Du Mensonge. 297

obligé à dauantage. Il auoit appris cette fourbe dans l'hiftoire Romaine, où l'vn des dix Romains qu'Hannibal laiffa aller apres la bataille de Cannes fur leur parole de le reuenir trouuer, voulut prattiquer la mefme chofe. Mais auffi fçauons-nous que le Senat renuoya pieds & poings liez à Hannibal, cét homme qui auoit voulu par fineffe rompre le lien de la Foy, fans lequel nul Eftat ne peut fubfifter. Car quoy que ce mefme Senat trompaft toutes les Nations de la terre aus grandes affaires, il tafchoit pourtant de paroiftre fort punctuel aus moindres comme eftoit cel-

Polybe lib. 6. Tite-Liue dec. 3. l. 2. & 4.

le-cy, afin de gaigner creance pour reüssir mieux aus autres, selon la maxime d'vn de ses principaus Historiens, *Fraus fidem in paruis sibi præstruit, vt cum operæpretium sit, cum mercede magna fallat.* L'inuention dont se seruit Philippes de Valois estoit bien ridicule. Car parce qu'il auoit promis à l'Empereur Louys de Bauieres, de ne faire iamais la guerre à l'Empire, il s'aduisa de la recommencer sous la conduite du Duc de Normandie son fils, qui entreprit le siege de la ville de Thin, où le pere combatoit comme simple soldat, & pretendoit captieusement de ne contreue-

Tite-Liue dec. 3. lib. 8.

nir nullement au Traitté qu'il auoit fait auec l'Empereur. Les termes trompeurs de *einich* & *eunich*, dans leur allusion Alemande, dont se preualut Charles-quint, pour attraper & retenir en prison le Lantgraue de Hesse, ne valent pas mieus que toutes les supercheries precedentes. Et ie ne sçaurois approuuer moralement parlant, le trait que fit le Connestable de Montmorency à la capitulation de Mets, encore qu'il ait esté fort vtile à la France, qui auoit droict d'ailleurs de s'asseurer de cette place. Les Lacedemoniens condamnerent leur Capitaine Phebidas pour auoir em-

Thuan. l.4.hist.

pieté la forteresse Cadmée, au preiudice du Traitté qu'ils auoient fait auecques les Thebains, ne laissant pas de la retenir entre leurs mains. La ville de Mets ouurit ses portes, à la charge qu'il n'y entreroit que deus compagnies de gens de pied seulement. Et la parole fut gardée en apparence, mais en effet on mit plus de quinze cés hommes sous deus drapeaux; outre que sur les contestations qui suruinrent, le reste de l'armée passa dans la ville comme il luy pleut. Certes il n'est pas possible de considerer toutes ces finesses de paroles, qui ne sont subtiles ny ingenieuses qu'à

Du Mensonge. 301

mauuaise intention, & pour deceuoir ceus qui s'y confient, sans les detester, comme celles qui ont la pluspart adiousté le pariure au Mensonge.

Pour dire quelque chose des Sermens ausquels on a par fois contreuenu loüablement, non pas à cause du manquement de promesse, mais parce que sans faire tort à personne, il estoit plus vtile en toutes façons de n'y pas satisfaire; nous en produirons encore icy quelques exemples. L'Empereur Aurelien ayant iuré que si la ville de Thyane se rendoit il s'en vengeroit iusques sur les chiens, ne laissa pas d'vser de clemence, *Vopisc. in Aur.*

apres l'auoir prise partie de force, partie par la trahison de ces citoyens. Et pour demeurer dãs quelque obseruation de sa parole, il fit tuer tous les chiens qui se trouuerent dans cette ville, pardonnant aus habitans qui implorerent en fin sa misericorde. Iosephe loüe de prudence l'expedient que trouuerent les Israëlites pour repeupler la Tribu de Beniamin, apres l'auoir presque exterminée par le fer dans la vengeance qu'ils prirent des Gabaonites. Les Israëlites auoient fait vœu de ne donner iamais aucunes de leurs filles en mariage à ceus de cette Tribu, dés qu'ils prirent les armes con-

Lib. 5. antiqu. Iud.c.2.

tr'eux. Mais comme il n'en reſtoit plus que fort peu d'hommes qui s'eſtoient ſauuez du combat, tout ayant eſté tué en ſuite dans les villes iuſques aus femmes & aus enfans ; ils ſe repentirent de la perte d'vn membre ſi cōſiderable de leur corps, & pour le reparer s'auiſerent de cette ruſe, qu'ils iugerent capable de mettre leur Serment à couuert. L'on auertit les Beniamites de ſe cacher aus auenuës de Silo, le iour d'vne tres-grande ſolemnité qui s'y faiſoit tous les ans ; & qu'on leur permettoit d'enleuer les filles qui paſſeroient pour y aller dont ils feroient leurs femmes ; ce qu'ils executerent à peu pres comme les Romains quand ils se saisirent des Sabines. Voicy vn trait d'Alexandre le Grand, qui peut estre encore icy raporté, bien qu'il soit d'ailleurs considerable pour l'adresse de l'Orateur Anaximene l'vn de ses Precepteurs. Alexandre ayant sçeu que cét homme, que Suidas fait passer pour le premier qui s'est meslé de haranguer sur le champ, luy venoit demander, comme bon citoyen, la conseruation de la ville de Lampsaque qu'il vouloit ruiner, à cause qu'elle auoit tousiours tenu pour le Roy de Perse, protesta auecque serment qu'il ne feroit rien de tout ce dont ce dont Anaximene le pourroit requerir. C'estoit en effet & dans son intention s'obliger à la perte de cette place. La subtilité neantmoins dont se seruit cét Orateur, le surprit si agreablement, qu'il se resolut à fausser son serment interieur par la conseruation de celuy de ses levres, & à deuenir menteur veritable pour ne l'estre pas apparent. Car Anaximene auerty des discours de ce Prince, au lieu d'interceder en faueur de Lampsaque, le pria de sa ruine, afin de l'engager par la force de sa propre parole, à luy accorder ce qu'il desiroit veritablement, qui estoit le contraire de sa requeste.

V.

Il s'est trouué des personnes qui ont voulu soustenir qu'en de semblables rencontres les simples termes, & les paroles toutes nuës obligeoient d'elles-mesmes, quoy que contraires à l'intention de ceus qui les proferoient. Celles qu'Aconce auoit escrites sur vn Coing, & que l'innocente Cydippe prononça sans y penser, furent interpretées selon ce sentiment, tant par Diane que par l'Oracle, si nous en croyons Aristenete. Et les sacrifices que firent de leurs propres filles Iephté & Agamemnon, s'il est permis de mesler l'Histoire sacrée auecque la prophane, fauorisent encore

Ep. 10.
lib. 1.

cette opinion. Elle n'est pas suiuie neantmoins dans nos Escholes, où toute sorte de paroles n'obligent pas, & où mesme c'est vne action vertueuse de violer sa promesse, si on l'a faite de quelque chose qui soit mauuaise & contre le deuoir, auquel cas encore vne telle promesse est tenuë pour nulle, & qui iamais ne peut obliger. C'est pourquoy Ciceron condamne au troisiesme de ses Offices le sacrifice d'Iphigenie dont nous venons de parler; ayant posé pour fondement dés le premier liure, qu'en ce qui va contre les bonnes mœurs, on ne doit rien executer de ce qu'on a promis.

Il ose mesme employer là dessus toute son eloquence contre les Dieus de son tems à qui l'on donnoit le plus d'encens. Apollon, dit-il, fit vne faute inexcusable de commettre la conduite de ses cheuaux à son fils, quelque asseurãce qu'il luy eust donnée de luy octroyer sa demande, puis qu'elle alloit à son dommage propre, & à la ruine de l'Vniuers. Et Neptune ne fut pas plus auisé, au iugement de ce grand Personnage, quand pour n'estre pas trouué menteur, il satisfit à la troisiesme requeste de Thesée, qui le combloit d'ennuis, & qui faisoit mourir l'innocent Hippolyte.

La maxime generale de Ciceron porte, que comme l'on ne rend pas l'espée à vn furieus, encore qu'on s'y fust engagé lors qu'il estoit en son bon sens, & comme vn pere ne tient rien assez souuent de tout ce qu'il a promis à son fils qu'il voyoit sur le bord d'vn precipice : Personne n'est astreint non plus à l'execution des promesses qui nuisent, au lieu de profiter à ceus qui les ont receuës, ce qui nous oblige au contraire à leur manquer de parole. Mais il passe bié plus outre, puis qu'il maintient qu'on ne doit rien faire des choses qu'on a promises, lors qu'elles sont inutiles à ceus vers qui l'on s'estoit engagé; ny mesme de celles qui nous nuisent dauantage, qu'elles ne profitent aus personnes à qui nous auions donné asseurance de les entreprendre.

A ne rien dissimuler ces dernieres conditions sont capables de produire de dãgereus effets, si l'on ne fait tousiours interuenir la bonne foy, lors qu'il est question de les interpreter; la pluspart du monde ne cherchant que des pretextes pour couurir vne perfidie, & pour ne pas executer des paroles dõt on se repent. Aristote a dit contre ceus qui multiplioient dans la Metaphysique les Estres sans

Lib. 12. Metaph. c. vlt.

Du Mensonge. 311
necessité, que ces Estres là ne vouloient pas estre si mal gouuernez. I'appliquerois librement les mesmes termes au suiet que nous examinons, & ie dirois volontiers à ceus qui inuentent encore vne infinité d'autres circonstances requises pour estre obligez à s'acquitter de ce qu'on a promis, soufmettant par ce moyen la Foy à leur raisonnement, que nostre Foy n'a pas besoin d'estre si mal gouuernée, ny assuiettie à tant de regles, qui sont autant d'eschapatoires pour ceus qui ne se soucient pas d'estre Infideles, pourueu qu'ils en esuitent le nom. Dés l'heure que vous la
V iiij

voulez accommoder à toutes ces subtilitez d'Eschole, il n'y a personne qui ne pretende auoir droit d'en penser à sa mode; & comme chacun se flatte en sa propre cause, outre que le discours des hommes n'est iamais semblable, il ne faut plus parler de cette foy commune qui lie toutes les Nations, & qui est dans son vnité l'ame de la vie ciuile, puis qu'elle deuient aussi diuerse que les esprits sont differens, & qu'il y a d'interests particuliers qui ne se sauuent souuent que par des expediens variables à toutes rencontres. Les Anciens l'ont tousiours peinte vn voile blanc sur la teste, pour

Du Mensonge.

dire qu'elle estoit ennemie de toute finesse & de tout desguisement. Et l'on a fort bien obserué qu'il n'y a point de gens qui se pariurent plus ordinairement, ny qui ayent en effect moins de franchise & de bonne foy, que ceus qui sont les mieux instruits dans cette sorte de chicane, & qui sçauent le plus specieusement colorer l'inobseruation de leur parole.

Vn des grands palliatifs dont ils ont accoustumé de se seruir, que les Anciens n'auoiët point, & qui cause parfois d'estranges scandales, c'est la dispense qu'ils se font donner de fausser les plus sacrez sermens que la Religion puisse inuenter. Et parce que les Puissances Souueraines sont celles qui employent parfois à la veuë de tout le Monde ce dernier remede aus plus grãdes necessitez de leur Estat, ou pour le moins dans leurs plus importantes occasions d'agir; ie me veus encore icy ietter sur les exemples, pour faire voir par combien de mauuais succez Dieu a souuent declaré l'auersion qu'il auoit de leur procedé. Ce sera seulement auec intention de faire remarquer les abus, sans toucher le poinct de Droict, qu'assez d'autres ont traitté sans moy, & que ie reconnois ne pouuoir estre ma-

Du Mensonge.

nié auec trop de respect.

Le penultiesme Duc de Bourgongne pere du Côte de Charolois, ayant resolu de s'accommoder auecque Charles septiéme, se trouuoit empesché par la côsideration du sermét qu'il auoit fait aus Anglois de ne traiter iamais sahs eus auecque nous. Cette difficulté fut enfin ostée par les Deputez du Concile de Basle, qui le dispenserent de son serment en faueur de la paix d'Arras de l'an mil quatre cens trente-cinq, heureuse veritablement à la France, mais si funeste à ce Duc, qu'on peut conter de cō moment la ruine de sa maison, esteinte en la personne de son successeur. Vne des plus grandes playes qu'ait receuës la Chrestienté de la main des Infideles, fut sans doute celle de la bataille de Varnes, que perdit le Roy de Hongrie & de Pologne Ladiflas contre le Grand Seigneur Amurat. Ce Turc au milieu du combat déploya le Traité de paix solemnellement iurée entr'eus, & que son ennemy venoit de violer à l'instance du Cardinal de Sainct Iulien, qui s'estoit seruy de l'authorité du Sainct Siege pour declarer nul tout ce qu'ils auoient accordé. Il coniura le Ciel en suitte contre la perfidie

Du Mensonge.

des Chrestiens, & taschant d'interesser Iesus-Christ mesme dans sa querelle, luy reprocha qu'il n'estoit pas ce qu'ils le croyoient, s'il ne vengeoit le mespris de son nom, employé par eus dans des sermens dont ils se moquoient aussi-tost apres. La mort du Roy sur le champ & celle du Cardinal Legat passent pour vne punition diuine dans nos propres histoires. C'est ainsi que dans l'ancienne Agisilaus animoit ses soldats contre Tisapherne, qui auoit manqué de foy & rompu vne trefue, protestant qu'il luy estoit fort redeuable, d'auoir mis par ce moyen du costé des Grecs

Xenop. l.3.hist.

tout ec que leur Religion auoit de Dieus. Le recit des troubles du Royaume de Naples sous Ferdinand premier, porte que les Barons reuoltez se voyant reduits à la necessité de traitter auecque luy, enuoyerent secretement à Beneuent demander absolution à vn autre Legat, de tous les sermens qu'ils alloient faire à leur Roy par vne pure crainte, & non pas de libre & franche volonté. Cela leur fut aussi-tost accordé, & le succez reüssit tel que le descrit Camillo Portio, c'est à dire, le plus calamiteus & le plus tragique qu'õ le sçauroit imaginer. Neuf ou dix ans apres par le Traitté

Lib.3.

Du Mensonge. 319

fait à la reddition d'Atelle, qui acheua de ruiner les affaires des François en ces quartiers-là, il leur fut permis selon la capitulation de se retirer, mais non pas aus Vrsins qui estoient de leur party, & à l'esgard desquels Ferdinand viola les articles qu'il auoit accordez: Mariana qui veut descharger son Prince d'vne telle perfidie, asseure que le Pape Alexandre sixiéme l'obligea d'en vser ainsi, le purgeant par son authorité Pontificale de toutes les censures où sa mauuaise foy l'eust peu faire tomber pour ce suiet. Ie ne dis rien de la mort de Ferdinand qui arriua aussi-tost apres, l'on

Lib.26. hist.c.12

se souuiendra seulement de la vie & de la fin de ce Pape, pour iuger si ses actions deuoient auoir pleu à Dieu. L'on a escrit que François premier fut dispensé par Clement septiéme du serment qu'il auoit fait à Charles-quint lors de sa deliurance, voire mesme que sa Saincteté auoit promis cette dispence au Roy quelque tems auparauant. Mais il n'est pas besoin d'insister beaucoup sur cet exemple, parce que toutes les Lois rendent nulles les conditions que reçoit vn prisonnier menacé de mort, & à qui l'on tient le poignard sur la gorge, comme l'on auoit fait à celuy-cy. Ie

Du Mensonge. 321

cy. Ie souftiens seulement qu'vn Bref du Pape Paul quatriéme enuoyé par le Cardinal Caraffe son neueu au Roy Henry se- cond, pour l'absoudre du serment des trefues de Vaucelles, fut suiuy de la perte des batailles de Sainct-Quentin & de Graueline; sans parler de la necessité où il nous mit de faire la paix de Cateau Cambresis, qui donna lieu à tous les malheurs des guerres de la Ligue qu'elle produisit.

Thuan. l.17.hist.

Or quoy que toutes ces dispenses ne se prennent apparemment qu'à bonne fin, pour se purger enuers Dieu d'vn crime tel que celuy du Pariure, si est-

X

ce que la côsideration des hommes, & la honte de manquer à nostre parole y a souuent bonne part. Car encore qu'il ne soit que trop ordinaire aus Grands, de croire qu'il n'appartient qu'aux Marchands de la garder auec exactitude ; & quoy qu'ils s'en ioüent assez souuent, selon le mot de cet Ancien, comme d'osselets pour tromper la simplicité de ceus qui s'y fient : Si est-ce qu'il n'y en a pas vn qui ne fust tres-fâché qu'on l'accusast d'y auoir manqué, & de n'estre pas tres-religieus obseruateur de ses promesses. En effet ils tiennent le dementy, qui n'est rien autre

Lysandre.

Du Mensonge.

chose qu'vn reproche de n'auoir pas dit la verité, pour la plus atroce & la plus offençante de toutes les iniures. Et certes leur propre interest les deuroit rendre les plus ponctuels des hommes à tenir ce qu'ils ont promis. Comme ils representent dans leur exaltation celuy qui a tout fait par sa seule parole, ils pourroient tout icy bas par le credit de la leur, s'ils en estoient aussi ialous que cette ressemblance le requiert. Pourquoy ne se font-ils pas acquis le priuilege de Xenocrate, que la probité auoit exempté deuant tous les Iuges de la Grece de la solemnité du serment? On dit que les descendans de Mahomet iouïssent auiourd'huy d'vn semblable priuilege parmi tous ceus de sa Religion. Et les Romains gardoient autrefois ce respect aus Vestales, & à celuy qui estoit particulierement attaché au culte de Iupiter sous le nom de *Flamen Dialis*, qu'on ne les prenoit iamais à serment, parce qu'on supposoit qu'il ne sortoit rien de leur bouche qui ne fust conforme à la Verité. Cependant ceus dont nous parlons sont tellement esloignez d'vne si importante reputation, que l'Empereur Charles-quint s'auisa de iurer quand il vouloit estre creu, par la foy d'vn hom-

Du Mensonge.

me de bien, *à fe de hombre de bien*, à cause qu'il s'estoit apperceu que celle des Souuerains comme luy n'auoit pas assez d'authorité pour donner vne parfaitte asseurance de la Verité.

C'est vne belle leçon que ceus qui ont le soin de l'instruction de nostre ieune Monarque luy sçauront bien faire. Disons au reste des hommes cependant, que comme les regles de la probité nous doiuent empescher de mentir, celles de la Prudence nous obligent à ne prononcer iamais, si faire se peut, de mensonge, *Vir bonus præstare debet, ne mentiatur; prudens, ne mendacium dicat*, selon la belle morale de ce Nigidius, pour qui Ciceron auoit tant d'amour & de respect, si nous en croyons Aulu-Gelle. Car non seulement il arriue que nous disons parfois des choses fausses sans mentir, pource que nous croyons dire la verité; mais il se peut faire aussi que nous mentirons en disant vray, par la doctrine de Sainct Augustin, d'autant que nostre dessein sera d'imposer à nos auditeurs, & de les repaistre de bourdes. Quiconque prononce le cótraire de ce qu'il pense est vn menteur, *Mentiri est contra mentem ire*, & son peché, dit sainct Thomas, est tout

Lib. II. noct. Attic. c.II.

Lib. de mend. c.3.

2.2. qu. 110. ar.3

Du Menfonge. 327

manifeste, en ce qu'il fait vne chofe iniufte & contre nature d'affeurer qu'il a dans l'efprit ce qui n'y eft pas, trahiffant la focieté des hommes, & donnant vn vfage du tout peruerty à fa parole, qui doit eftre le fidele interprete de fon ame. Sainct Iean Damafcene appelle pour ce fuiet la voix humaine, l'Ange d'Intelligence, ou le Meffager de l'Efprit. Sainct Auguftin la nomme le vehicule du Verbe interieur, ou du difcours mental. Et Philon furnommé le Iuif la compare au Pontife Aaron, qui eftoit le truchement de Moyfe, eftabliffant vn rapport auffi naturel, & vn confente-

L.1.Fid. c.17.

Ser.2.de nat.Ioa. Bapt.

L. quod deter. pot.infi.

X iiij

ment aussi necessaire entre l'ame & la parole, qu'estoit celuy de ces deus freres. Quoy qu'il en soit il faut tenir le mensonge pour le capital ennemy de la Prudence, & passer pour vn Oracle ce traict ordinaire de l'Eschole, *Prudentia non subest falsum.* Il semble qu'il y ait parfois quelque plaisir, & mesme quelque auantage à desguiser la Verité; mais nous nous trouuons tousiours enfin fort loing de nostre compte, & la fausseté ne mãque iamais à couurir son autheur de honte & de dommage. C'est à mon auis le sens de ce Prouerbe de Salomon, *Suauis est homini panis menda-*

Du Mensonge.

cij, & postea implebitur os eius calculo. Quand toute autre disgrace cesseroit, celle-cy est inseparable du mensonge, qu'on ne croit pas ceus qui s'y addonent alors mesme qu'ils disent la verité. L'on se moqua du Berger d'Esope qui auoit pris plaisir à crier au Loup sans necessité, & le secours luy fut denié quand il en auoit le plus de besoin, pour l'auoir inuoqué à faux auparauant. Ie sçay bien que nous auons nommé vne espece de mensonge pernicieus, à cause du mal seulement qu'il fait aus autres quand nous le disons; mais ie soustiens qu'il nous est assez de preiudice à nous-mesmes, pour receuoir ce nom s'il ne l'auoit d'ailleurs merité. Soyons sur tout persuadez qu'il n'y en a point, comme nous l'auons presupposé, qui ne soit comme tel déplaisant au Ciel; & tenons pour vn blaspheme le mot de cette Dame dont parle nostre Histoire, qui disoit du tems de la Ligue sous Henry troisiéme dans Paris, qu'vn Catholique zelé estoit plus agreable à Dieu quand il mentoit, qu'vn Politique lors qu'il parloit auecque verité.

<small>Thuan. l.95.hist</small>

Que pouuons-nous faire de mieux que de nous nourrir dans vne extreme auersion d'vn vice qui est particulieremét celuy des

Esclaues, puis qu'il n'y a que la crainte, à le bien prendre, qui nous fasse faire banqueroute à la Verité? Si est-ce que nous sommes tous naiz dans vne telle disposition à cette sorte de seruitude, que l'Apostre nous a laissé pour vn aphorisme indubitable de morale, qu'il ne se trouue point d'homme qui ne soit méteur, ce que David auoit desia prononcé deuant luy. Et certes si l'opinion de Democrite Abderitain, de Xeniade Corinthien, d'Anaxagore Clazomenien, & de quelques autres Philosophes, a tant soit peu de fondement, que pouuons-nous dire que des faussetés, n'yayant

Ep. ad Rom. c. 3. ar. 4.

Psal. 115.

Arist. l. 4. Meta. c. 5. & 7.

rien de vray dans le monde, pour le moins à nostre esgard, & selon que nous sommes capables d'en prendre connoissance ? Iettez les yeux sur toute l'estenduë de la Terre, vous y verrez par tout triompher le mensonge. *Cogita*, dit Cardan, *quod falsis omnia debentur humana, & regna dico, & potentia omnis*. A peine pouuons-nous dire que nos Autels soient exemts de cette corruption. Le Tout-puissant nous y entend souuent parler contre nostre conscience. Et ie dirois volontiers, s'il estoit permis de s'expliquer comme l'on faisoit du tems de Seneque, *verum ne Dijs*

De pru. ciu. c. 92

Ep. 95.

quidem dicimus, sed Dij aut non exaudiunt, aut miserentur. Cependant les choses fausses ne sont pas soustenuës auec moins d'opiniastreté que les vrayes. L'imposture a ses Martyrs aussi bien que la sincerité. Et nous sçauons que les Turcs nomment leur Alcoran le Code de la Verité. A ne rien dissimuler il n'y a que la lumiere d'enhaut qui nous puisse faire discerner ce qu'il faut suiure pour ne point errer. Nos veritez humaines dans la plus exacte Metaphysique, ne sont que des côformitez qu'ont les choses auec nostre entendement. Or il faut necessairement mettre ces con-

Cotou. c.3.

formitez au rang des Relations, n'y ayant point d'autre categorie qui leur conuienne. Et puisque toute relation est vn pur accident, nous ferons consequemment forcez d'accorder, que nous n'auons point de veritez, humainement parlant, qui ayent plus de realité, que ce qu'on en peut donner à des accidens.

Mais d'où vient donc qu'on dit, qu'autant que les choses ont d'essence, autant elles ont de verité, parce que la premiere proprieté de l'Estre c'est d'estre vray: ce qui fait que Dieu qui est le Souuerain Estre, est aussi souuerainement ve-

ritable. Comment interprete-
rons-nous encore cette belle
sentence de Zorobabel, qui fut Esd.l.3.
si agreable à Darius, que le vin, c. 3.
les Roys, ny les femmes, qui ont
vn extreme pouuoir, ne sont
pas neantmoins si puissans que
la Verité? Il est aisé de iuger que
tout cela se doit entendre de
cette supréme & eternelle Verité, dont nous ne participons
qu'autāt qu'il luy plaist de nous
illuminer pour se faire connoistre. Quant aus Veritez naturelles où nous pretendons d'arriuer humainement, nous serons tousiours contrains d'a-
uoüer que les plus clair-voyans
y sont assez souuent les plus

trompez, prenant l'ombre pour le corps, & de simples vray-semblances pour d'indubitables certitudes. Anacharsis se moqua des Atheniens, qui ordonnoient par vne de leurs lois que la Verité se trouuast en plein marché, veu qu'il n'y auoit lieu au Monde où elle fust plus miserablement traittée, ny où ils mentissent plus ordinairement & plus impudemmēt. Mais nous nous pouuons rire aussi à propos de ceus qui pensent qu'elle se rencontre infalliblement dans ces lieus qui sont destinez pour l'examiner, & que ceus qui se meslent de la definir & de l'enseigner en ayent

Du Mensonge. 337

ayent beaucoup plus de connoissance que les autres.

Remarquons deus choses deuant que de conclure ce discours; l'vne à l'esgard de la Verité telle que nous l'auons, l'autre touchant le Mensonge. La premiere sera que, comme l'on peut mentir à bonne intention, selon nos obseruations precedentes, la Verité se recherche par-fois à mauuaise fin; tesmoin le Voleur qui veut sçauoir au vray le fond de la bource. Pour le moins est-il certain qu'on ne doit pas estre tousiours trop exact à descouurir toute sorte de Veritez. Quintilien dit qu'on reprit le Sculpteur Demetrius, Lib.12. Instit. c.10.

Y

de ce qu'il rendoit ses statuës trop veritables ou trop apres le naturel, ayant plus de soin de la ressemblâce que de l'agrément. Cela se peut fort bien appliquer à nostre suiet, n'estant pas souuent à propos dans la vie ciuile d'insister pour la verité des choses auecque tant de seuerité, qu'au lieu de nous rendre vtiles & d'instruire, nous commettions du scandale sans profiter à personne. Ma seconde remarque interpretera le passage de Sainct Paul, que nous auons rapporté pour monstrer qu'aucun n'est exemt de Mensonge. Car il paroist euidemment dans le texte de l'Apostre,

Du Mensonge. 339
que son intention n'a pas esté de prononcer cette sentence absolument; mais bien de nous apprendre que Dieu seul est tellement l'essentielle Verité, qu'en comparaison de luy tous les hommes ne sont que des menteurs. Vne si belle Doctrine pourtant n'empesche pas qu'il ne se trouue des hommes, qui pour chose du monde ne voudroient auoir commis vn mensonge pernicieus. Pythagore receut son nom, à ce qu'on dit, de la reputation qu'il auoit d'estre aussi veritable en tous ses discours que cet Oracle surnommé Pythien, qu'on tenoit infallible de son tems. L'Au-

Y ij

theur de la vie d'Atticus nous le représente de telle humeur, qu'il ne pouuoit ny dire, ny entendre debiter aus autres vne fausseté.

Lib. 22. hist. c. 1. Mariana asseure qu'vn Ferdinand Prince de Portugal, qui mourut prisonnier à Fez, ne mentit iamais en toute sa vie. Et

Lib. de vit. pro. c. 14. Cardan escrit de luy-mesme, qu'il ne pense pas auoir proferé de mensonge depuis sa plus tendre ieunesse, apres s'estre estonné desia dans l'examen du theme de sa Natiuité, qu'on ne peût luy imputer d'auoir menty vne seule fois depuis sa quatorziéme année. Ce n'est pas que ie veille me rendre garend de la verité de tous ces exem-

Du Mensonge.

ples. Mais du moins tefmoignent-ils, auec affez d'autres qui leur peuuent eftre adiouftez, que le Menfonge n'eft pas tenu pour infeparable tout à fait de noftre nature. Et dequoi nous feruiroit-il d'auoir de l'amour pour la Verité, s'il faloit neceffairement tomber dans l'infamie du Menfonge?

DES
MONSTRES.

CE qu'on vous a mandé du Dauphiné des Sauuages, masle & femelle, qu'on veut auoir esté veus parmy ces montagnes qui ne sont pas fort esloignées de Grenoble, vous a fait faire de tres-belles reflexions sur le suiet des Monstres : Pour moy comme ie suis resolu de ne receuoir pour veritables les choses de cette nature, qu'autant que i'en

Des Monstres. 343
prens de connoissance certaine, & iamais sur les premiers rapports, ny sur les bruits qui courent : Aussi ne voudrois-ie pas mescroire absolument celles qui nous paroissent estranges d'abord, parce qu'elles ne sont pas ordinaires ; ny rebuter vn euenement comme impossible, sur ce mauuais fondement que ie n'en comprens pas bien la cause ou la possibilité. En verité nous presumons trop de nostre sçauoir, & ie ne suis pas mesme hors de soupçon que ce ne soit quelque sorte d'impieté de vouloir establir les mesmes bornes aus œuures de Dieu & de la Nature, qu'ils ont données

Y iiij

à nostre connoissance. Car il semble au contraire que l'vn & l'autre ayent pris plaisir à couurir d'vn voile obscur les plus agreables obiets de nos contemplations, & que nous presentant d'vne main les effets, ils nous en cachent de l'autre les causes, comme celles qui sont beaucoup au dessus de nostre portée, *Gloria Dei est celare verbum.* Si cela est ainsi, selon qu'assez de Philosophes se le sont imaginé ; & qu'Aristote ait eu raison de comparer dans son liure du Monde (presupposant qu'il soit de luy) le premier Moteur à vn ioüeur de Marionnettes, qui tient cachées les cor-

Des Monstres. 345

des subtiles & artificieuses d'où despend le mouuement de ses petits personnages : Ne peut-on pas dire que c'est luy faire iniure, de vouloir penetrer plus auant qu'il ne desire, & de tascher, quoy qu'inutilement, à descouurir les engins de ce Ieu diuin, qui expose à nostre veuë toutes les operations de la Nature ?

Ie dis cecy à cause de la grande difficulté qu'il y a de rendre raison de tant d'euenemés merueilleus, & particulierement de la production des Monstres, que i'ay bien de la peine à rapporter au seul dessein du Tout-puissant de nous recommander ses autres ouurages, les rendant plus beaus par cette opposition, comme si d'eus-mesmes ils ne l'estoient pas suffisamment. Quoy qu'il en soit, Aristote nomme les Monstres des pechez de la Nature, & ils s'estendent si loin dans sa doctrine, que la femme y passe pour le premier de tous, comme les enfans qui naissent dissemblables à ceus qui les ont engendrez, constituent vne autre espece de Monstruosité, à cause que le dessein de cette mesme Nature estoit de produire vn masle & non pas vne fille, visant tousiours à ce qui est le plus parfaict ; & que dans son cours

Lib.2. Phys.c. 8. & l.4. de gen. anim.c. 3. & 4.

Des Monstres. 347

ordinaire les enfans sont des images viuantes qui representent leurs parens. Les corps qui viennent au Monde defectueus, ou auec quelque membre superflu, s'appellent encore monstrueus par la mesme raison, & ce Philosophe ordonne dans sa Politique, qu'ils soient supprimez, ou exposez, aussi bien que Platon dans le cinquiéme liure de ses Loix. A la verité les vices corporels empeschoient autrefois les Leuites de sacrifier, & mesme de s'approcher de l'Autel, bien qu'ils vescussent des pains qu'on y mettoit; & nous sçauons que la loy de Perse a exclu de la Cou-

Lib. 7. c. 16.

ronne toute sorte d'estropiats. Mais cela ne va pas iusques à la rigueur des Philosophes dont nous venons de parler, pratiquée neantmoins autrefois à Rome, si nous en croyons Denys d'Halicarnasse, & que nous voyons dans Diodore Sicilien auoir esté en vsage au Royaume de ce Sopithe Indien, qui se soûmit si librement aus volontez d'Alexandre le Grand. Ie pense que la seuerité exercée contre ceus à qui la Nature semble auoir esté maraſtre dans vne naiſſance pleine de diſgraces, a ſon fondement ſur le mauuais preiugé qu'on fait d'eus. L'on croit qu'ils taſchent de luy

Lib. 2.

Lib. 17.

rendre la pareille, & que pour se venger d'elle en luy faisant iniure à leur tour, ils prennent des appetits qui l'offencent, & se portent à vne infinité d'inclinations qu'elle desauouë. C'est ce qui a fait dire, & possible à grād tort, qu'ils sont exprez marquez de sa main, afin que chacun s'en prenne garde, *Caue à signatis, neque enim frustra eos signauit Natura*; & entre tant de Prouerbes qu'ont toutes les langues sur cela, celuy des Espagnols n'est pas des moins significatifs, *Coxo, y no de espina, no ay maldad que no maquina.* Ainsi le mal que l'on en craint a donné lieu à cette grande auersion que tant de personnes ont d'eus ; & l'apprehension peut-estre, que les plus maltraittez de tous, qui sont les Monstres, ne nuisent au reste du monde, est cause qu'on les en chasse souuent deuant qu'ils ayent peu iouyr de son agreable lumiere.

Or puisque le raport que font les Païsans du Dauphiné de ces Sauuages qu'ils disent y auoir veus, vous les fait mettre au rang des veritables Monstres, que vous croyez facilement pouuoir venir d'vn accouplement illicite, ie fortifieray vos coniectures de quelques exemples dont il me souuient. Vous

Des Monstres. 351

sçauez le gentil auis que donna Thales à Periandre, de ne se seruir plus de ieunes Pasteurs à garder ses caualles, ou bien de leur donner des femmes, s'il vouloit ne plus voir chez luy d'animal demy-homme & demy-cheual. Pline cite Duris, qui auoit escrit que beaucoup d'Indiens s'accouploient auecque les bestes, d'où venoient au monde des creatures tenant de l'vne & de l'autre nature. C'est au troisiéme chapitre du dixseptiéme liure de son Histoire naturelle qu'il a dit cela; & au chapitre suiuant il parle d'vne Alcippe qui enfanta vn Elephant; d'vne Esclaue qui ac-

Plutar. banqu. des 7. Sages.

coucha de mesme d'vn Serpent; & d'vn Hippocentaure que l'Empereur Claudius fit apporter embaumé d'Egypte à Rome, où Pline asseure qu'il fut l'vn de ceus qui eurent la curiosité de le voir. Ie ne doute point que ce ne soit le mesme dont parle Phlegon Trallian, libertin de l'Empereur Hadrien, au trente-quatriéme chapitre de ses remarques miraculeuses, encore que le premier semble donner pour patrie à ce monstre la Thessalie, & l'autre vne ville de l'Arabie, qui conuient beaucoup mieux à son enuoy d'Egypte. Ce mesme Phlegon tesmoigne que la seruante d'vne Dame

Ch. 22.

Des Monstres.

ne Dame Romaine estant grosse, se deschargea le ventre d'vn Singe. Les anciens ont encore nommé cette Onoscelis fille d'Ariston Ephesien, qu'il eut d'vne Asnesse; & cette autre Hippo, venuë d'vne Iument & d'vn certain Fuluius qui auoit eu sa compagnie. L'histoire de Dannemarc tire l'origine de ses premiers Roys d'vne Chienne. Les Peguins se vantent d'estre venus d'vn Chien & d'vne femme Chinoise, que le débris d'vn vaisseau exposa dans leur pays. Il y en a qui ont escrit le mesme des premiers Chinois. Et quand les Grecs ont dit non moins fabuleusement, que Pan estoit fils de Penelope, connuë par Mercure sous la figure d'vn Bouc, ils ont tesmoigné, aussi bien que les autres, qu'ils ne tenoient pas impossible le meslange de diuerses especes d'animaux auecque la nostre. Peut-estre qu'Anaximandre l'vn de leurs Philosophes doit estre interpreté selon ce sentiment, lors

Lib. 1. præp. Eu. c. 8.
qu'il maintient dãs Eusebe, que la premiere generation de l'hõme se fit de diuerses formes d'animaux. Aussi punit-on encore tous les iours le crime de Bestia-

Lib. 3. cur. phi. c. 25.
lité; & le Pere Eusebe Nieremberg, qui rapporte plusieurs exemples de diuers monstres qui en sont venus, dit, apres

Des Monstres. 355

Cornmanus, qu'vn homme eut en Flandre d'vne vache dont il abusa vn enfant bien formé, & qui ayant esté baptisé deuint tres-vertueus. Tout ce qu'il tenoit de sa mere consistoit en vn desir & transport merueilleus qu'il reconnoissoit auoir, d'aller paistre dans les prez quand il en voyoit. Tant y a que pour peu qu'il se trouue de verité en tout cela, cette maxime est fausse, que les effets suiuent tousiours la plus imparfaitte, ou la plus mauuaise partie de leurs causes; sur quoy neantmoins se fondent ceus qui nient absolument qu'il puisse rien venir d'humain par de semblables copulations.

Mais quãd nous admettrions vne telle negatiue, ce n'eſt pas à dire qu'il faluſt abſolument reietter la relation qu'on vous a enuoyée des Sauuages, puis qu'on peut ſouſtenir que la Nature eſt capable de produire d'elle-meſme, & ſans que l'hõme tombe dans cette infame beſtialité que nous venons de repreſenter, des animaux qui nous reſſemblent ſi fort, qu'ils ont fait dire qu'on trouuoit par fois plus de difference d'homme à homme, que d'eus à nous. Ce n'eſt pas vne choſe qui ſoit bien difficile à conceuoir dans la Philoſophie, où Archelaüs & Zenon Eleate ont autrefois maintenu que la Terre nous auoit produits d'elle-mesme comme les Brutes. Platon les a suiuis dans son Philoxene, & dans son Politique ; Aristote ne s'en est pas aussi esloigné au second liure de ses Politiques; & sans parler d'Epicure, Auicenne long-tems depuis a combattu pour cette doctrine dans son traitté du Deluge. Les hommes à leur dire ne venoient pas au commencement dans la perfection où nous les voyons. Il en est esclos de la Terre vne infinité de fort mauuaise conformation, & à qui souuent les membres principaux manquoient,

Crescebant vteri terra radicibus apti,

dit Lucrece. Et si l'on en croit les vers d'Empedocle que cite Aristote au troisiéme liure de l'Ame, il s'est trouué dans les premiers tems des Testes, qui apres estre sorties de Terre n'auoient point de col où se reposer. Enfin apres beaucoup de manquemens surmontez & rectifiez, la Nature est venuë à bout des premiers hommes qui nous ont donné l'estre, & que les Grecs nommerent vray-semblablement pour cela *Autochthones*. Or presupposant, comme nous le deuons faire, qu'on ne sçauroit sans impieté

Lib. 5.

Ch. 6.

deferer à vne opinion qui paroist entierement contraire au texte de la Genese, pour le moins en tire-ton cette consequence, que si dans les purs termes de la Nature l'on a creu qu'elle pouuoit hors de la voye ordinaire engendrer des creatures raisonnables, il n'y a pas beaucoup dequoy s'estonner qu'elle en dóne d'autres au móde, qui pour auoir quelque chose de nostre figure, sont pourtát d'vn ordre inferieur, par le defaut de la vraye forme qui constituë nostre espece. Tels sont ces *Micons* des Indes que nous descrit Ioseph Acosta, qu'il dit Lib. 4. c. 39. auoir bien plus de ressemblance auecque nous, soit pour le corps, soit pour les gentillesses de l'esprit, que n'en a le Singe ou le Magot. Les lettres des Peres Iesuites de l'an mil six cens vingt-six escrites du Leuant, disent de mesme qu'on prendroit le *Gatto-mammona* de la Cochinchine pour vn vray-homme, tant il a de son air, n'estoit ses cornes, & ses yeux couchez du haut en bas tout au rebours des nostres. L'on void au Royaume de Siam vn Monstre que les relations de l'Inde Orientale nomment *Marichez*, à qui la Nature a donné de grands cheueus, & vn agreable visage de pucelle, auec neantmoins vne

Part. 12. pag. 42.

queuë de Dragon, à peu pres comme les Poëtes en attribuët vne de poisson à Scylla,

Desinit in piscem mulier formosa supernè.

Que s'il faloit considerer les Sirenes, les Tritons, & les Nereides, à qui d'autres Philosophes ont voulu rapporter nostre origine, dans la pensée de ces Egyptiens dont parle Diodore Sicilien, qui nommoient l'homme vn animal aquatique & de palus, ἔϋδρον καὶ λιμναῶδες ζῷον; vous n'ignorez pas combien l'on pourroit en produire d'exemples tant anciens que modernes, iusques à cet homme marin, veu depuis peu aupres

Lib.1. bibl. sect.2.

Gassend. l. 5. vi. Peire. p. 314.

de Belle-Isle. Le Poisson-femme dont les Negres de Mozambique abusent tous les les iours, n'est-il pas capable de seruir à cette sorte de generations? Et la familiere conuersation des Phoques marins auecque les Ethiopiens Icthyophages, qui se lit dans le mesme Diodore, n'est-elle pas encore considerable sur ce suiet? Nicolo Conti asseure qu'il y a dans la riuiere qui passe à Cochin, des poissons de forme tout à fait humaine, tant masles que femelles, & qui ont, outre l'adresse, les membres si semblables aus nostres, qu'en sortant de l'eau la nuict ils allument du

Voyage de Moquet l.4

Lib. 3. bibl.

feu auec des cailloux qu'ils frapent sur du bois, pour prendre d'autres poiſſons qui accourent à cette lumiere. Sigiſmond d'Herbeſtein en deſcrit d'autres qui ſe peſchent dans la riuiere de Tachin vers la mer glaciale, ayant la teſte, les yeux, le nez, la bouche, les mains, & les pieds entierement conformes aus noſtres. Et François Aluarez nous repreſente dans ſa relation d'Ethiopie deus lacs d'où ſort le Nil au Royaume de Goyame, & où l'on trouue quantité d'hommes marins, qui ont auſſi leurs femelles de meſme eſpece. Certes cela fortifie merueilleuſement ce que Pline rapporte des

Cap. 5. Tritons au neufiéme liure de son Histoire naturelle, & sur tout ce qu'il dit tenir des premiers Cheualiers Romains de son tems, *Visum ab his in Gaditano Oceano marinum hominẽ, toto corpore absoluta similitudine.* Tous les Geographes anciens nous ont laissé de pareilles traditions, que les Autheurs plus recens confirment tous les iours.

Passons maintenant à vne autre consideration, & puisque vostre lettre parle de ces Sauuages comme de vrays hommes, quoy qu'ils eussent le corps couuert de poil comme les bestes, & que leurs pieds,

Des Monstres. 365

autant qu'on les a peu discerner, ne parussent pas tels que les nostres; voyons si cela doit estre reietté d'abord comme fabuleus & impossible, ou s'il y a lieu de suspendre son iugemét iusques à vne plus grande & plus exacte connoissance du faict. Desia pour ce qui touche le poil, l'experience a monstré en ceus qui se sont trouuez nuds dans des deserts, par quelque naufrage ou autrement, que nostre corps deuiendroit velu comme celuy de la pluspart des animaux, sans l'attouchement & la continuelle attrition qu'il souffre de nos habits, ce qui empesche le poil de venir desfus, le confumant s'il pouffe, & nous faifant perdre vne couuerture dont la Nature auoit deffein de nous gratifier. Elle a tellement obligé pour ce regard de certains habitans d'vne extremité des Indes, qu'ils font garnis & de poil, & de plume presque comme les oifeaux, *Corporibus hirtis, & auium ritu plumantibus*, pour vfer des propres termes d'Aulu-Gelle. Souuenez-vous d'ailleurs de cette ieune fille de quatre ans & demy, que nous vifmes à Paris en mille fix cens trente-trois, & qui eftoit defia veluë par tout le corps, outre la barbe du menton, & les mouftaches qui for-

Lib.9. noct. Att. c.4.

tant de chaque oreille luy pendoient sur les espaules. Quant à la conformation soit des pieds, soit des autres membres, la variété qui s'y peut rencontrer ne change pas l'espece, & dans toute l'anthropologie des Anciens vous ne remarquerez iamais qu'on ait desnié le caractere d'humanité, à ceus qui ont eu quelques membres autrement faits ou placez que nous ne les auons. Les *Steganopodes*, & *Sciapodes*, qui dorment à l'ombre de leurs pieds; les *Himantopodes*, qui se glissent cóme des Serpens au lieu de marcher; les *Ægipodes*, & les *Hippopodes*, aus pieds de chevre, ou de cheual ; les *Opiſtodactyles*, qui en ont le deuant derriere; & les *Monoſceles*, qui ne cheminent qu'en ſautant n'ayant qu'vne iambe, n'ont pas laiſſé d'eſtre reputez hómes par Pline, Strabon, Arrian, & tous ceus qui ont parlé d'eux, quoy que ſouuent en doutant de leur exiſtence. Et quand Mendez Pinto eſcrit, que les peuples qu'il nomme *Calogez*, & *Fingaos*, ont des pieds eſgaux en rondeur à ceus des bœufs (ce que i'ay leu encore ailleurs de quelques autres Nations) il ne diſtingue pas pour cela leur nature de celle des autres hommes. C'eſt la meſme choſe des *Enotocetes*, qui

Des Monstres.

qui dorment fur leurs enormes oreilles ; des *Aſthomes*, qui n'ayant point de bouche ſe nourriſſent de bonnes odeurs, cōme ils meurēt s'ils en ſentent de mauuaiſes; des *Onocephales, Cynocephales* & *Acephales*, ces derniers n'eſtāt pas tellemēt ſās teſte comme leur nom le porte, qu'ils ne l'ayent au deuant de leur poitrine. Ie vous veus bien dire à l'eſgard de ceus-cy, qui ſont apparemment les plus incroyables de tous, qu'outre beaucoup de relations anciennes & modernes qui parlent affirmatiuement de leur Eſtre auſſi bien que de celuy des precedens, vn des hommes de ce

Thua. l. 115. hiſt. ex Ralegh. M. Polo. Sig. d'Herb. Iacq. Carthi. &c.

Aa

tems qui a le plus couru le monde, m'a protesté qu'il en auoit veu, & m'en a fait des descriptions telles, que si ie ne les crois pas, pour le moins les tiés-ie douteuses. Qu'auons-nous qui sente plus la fable dans les liures, que ces *Arimaspes* des Scythes, c'est à dire en leur langue ces hômes qui n'ont qu'vn seul œil, &, comme on l'a creu, au milieu du front ; sur l'imagi-nation desquels Strabon se per-suade qu'Homere a tiré le pre-mier crayon de ses Cyclopes? Cependāt tout le monde peut voir le cadaure d'vn enfant nay de la sorte, sinon que son œil estoit vn peu au dessous du

Lib.1. Geogr.

front, que le sieur Borrilly fait considerer entre les autres raretez du curieus cabinet qu'il a dressé dans la ville d'Aix en Prouence. Or ce que la Nature fait rarement en vn lieu, elle est capable de le faire plus ordinairement dans vn autre. Et si Solin a dit vray, que les *Agriopha-* Cap.30. *ges* d'Afrique sont gouuernez par vn Roy qui n'a qu'vn œil au front, il peut y auoir des peuples entiers ailleurs de la mesme conformation. Chacun n'engendre-t'il pas naturellement son semblable ? Et tout Agent naturel ne tasche-t'il pas de communiquer sa forme à son effect ? Nous remarquons assez souuent des races de boiteus, de bossus, & d'autres personnes defectueuses dés le ventre de la mere. Lès Seleücides naissoient tous auec vne anchre marquée sur la cuisse. Les enfans d'vn Pithon de Nisibe auoient sur le corps la figure d'vne hache ; & ceus d'vn Semes fondateur de Thebes y portoient l'impression d'vne lance. Marc Polo dit qu'autrefois les Rois de Georgie venoient au monde auec l'empreinte d'vn Aigle sur l'espaule droite. Herrera obserue que beaucoup de Chinois ont deus ongles au petit orteil de chaque pied, ce qui a trompé ceus qui ont escrit

Lib.1.
c.5.

qu'ils auoient douze doigts aus deus pieds. Et l'on asseure parmy nous que les garçons de la maison de Beins en Arles sont sourds & muets de nature, n'y ayant chez eus que les femmes qui ayent conserué leur priuilege de parler. Pourquoy n'y auroit-il pas de mesme des races de Cyclopes, d'Arimaspes, ou de Monocules, & par consequent des nations semblables venuës par filiation en quelque partie de la terre, où des personnes disgraciées de la sorte se seroient retirées, pour n'estre plus regardées auec horreur, comme le sont tousiours entre nous ceus que nous tenons pour des Monstres ? Or toutes ces differences corporelles dont nous venons de parler ne regardant que la matiere, & nullement la forme, l'on ne peut pas pretendre qu'elles faſſent de differentes eſpeces d'hōmes, puis qu'il n'y a que la forme ſeule qui ſoit capable d'eſtablir des differences ſpecifiques. Le maſle & la femelle n'eſtant contraires qu'en la matiere, ne different point d'eſpece par cette meſme regle de Phyſique. Et par conſequent les Sauuages de Dauphiné pour eſtre cheure-pieds, ou de quelqu'autre ſtructure corporelle auſſi extraordinaire, ne laiſſent pas

Des Monstres. 375

d'estre hommes s'ils ont l'vsage de la raison, d'où depend la forme humaine.

Vous demandez d'où peuuent estre venus des hommes en ce lieu-là; s'ils y sont tombez du Ciel, comme Heraclite dit dans Diogenes Laërtius, qu'autrefois il en cheut vn du globe de la Lune; ou s'ils y ont esté transportez par vn tems orageus, comme Auicenne a laissé par escrit, que s'en estant engendré vn autre dans les nuës, il fut precipité en terre parmy vne pluye, qu'on peut nommer la plus feconde dont on ait iamais ouy parler. Attendons ie vous supplie que nous soyons

In vita Emped.

Lib. de Diluuio.

Aa iiij

asseurez du fait, pour en venir iusques aus circonstances, & deuant que d'en rechercher toutes les causes, qui doiuent tousiours s'accorder auec les principes de nostre Religion. Ne vous estonnez pas cependant que des montagnes si connuës, ce semble, que sont celles du Dauphiné, eussent caché iusques icy des creatures raisonnables ou autres, dont iamais personne n'auoit fait mention. Nicolas de Clemengis dit en sa trente-troisiéme Epistre qu'auprés du Mont de S. Claude (membre des Alpes aussi bien que celuy dont nous parlons) vn homme Sauuage

Des Monstres. 377

fut contraint par la faim, durant les plus grandes neiges de l'Hyuer, de quitter des lieus deserts & escarpez où il viuoit, pour venir chercher à manger dans d'autres plus bas & de plus facile accez. Il estoit velu par tout le corps, & auoit mesme beaucoup de mousse entre le poil & la peau, comme il en croist parfois sur l'escorce des arbres. Son langage ne tesmoignoit rien d'humain par le son, *Sed ferinum tantum habuit incognitum murmur, cum frendore dentium*, pour rapporter les propres termes de la lettre ; & aucune de ses actions ne donnoit la moindre apparence d'intelligence ou de raison. Des Païsans qui eurent bien de la peine à le prendre, par vne resistance merueilleuse qu'il leur fit, le conduisirent enfin dãs l'Abaye du mesme nom de Sainct Claude, où il fut veu & consideré durant neuf iours par celuy entr'autres de qui Clemengis apprit ces particularitez, sans qu'il y eust moyen de le faire manger; ce qui fut cause de sa mort. Si cette histoire est veritable, dont ie ne voudrois pas me rendre garend, pourquoy celle du Dauphiné, posterieure de deux cens cinquante ans seulement, passera telle sans discussion pour apocryphe? Mais i'ay leu il n'y a pas long-temps dans vn Autheur Espagnol vne cho-se bien plus esmerueillable de son pays. Voulant prouuer que le Paradis terrestre peut encore auiourd'huy subsister en quelque lieu de la Terre qui nous est inconnu, il asseure qu'on a descouuert depuis peu des vallées au milieu de l'Espagne, qu'il appelle *las Batuecas*, ignorées iusques en nos iours, & neantmoins habitées de tems immemorial par des hommes qui y viuoient sans aucune Religion, & sans la moindre connoissance du reste du monde, comme personne iusques à present n'auoit sceu qu'ils fussent là. Trou-

Euseb. Nieré. l.1.cur. ph.c.35.

uerez-vous plus estrange que des Sauuages se soient tenus sans se faire voir dans quelque impenetrable valon, ou inaccessible montagne des Alpes, que d'y auoir eu des gens au cœur de l'Espagne de la condition que nous venons de representer ? En verité quoy que ie sois vn des hommes qui donnent le moins de creance à tant de prodiges qui se debitent à toute heure sans fondement, mon opinion est, que côme il y a grâde ocasiô d'vser parfois de suspension d'esprit, & de pratiquer les loix de l'Epoche Sceptique aus choses qui ne sont pas assez reconnuës ; aussi ne

Des Monstres. 381
deurions-nous iamais mesurer la puissance de Dieu, & les operations de la Nature, à la capacité de nostre esprit, ny à l'estenduë de nostre connoissance, pour finir par où i'ay commencé ce discours. Souuent au lieu d'employer en vain nostre raisonnement sur des effects qui se font admirer auec estonnement, nous ferions mieux de nous contenter d'y reconnoistre la main du Tout-puissant, & d'y respecter sa volonté, *Multa sunt quæ nos mirari Deus voluit, scire noluit*, dit vn Pere de l'Eglise, & Pline au suiet de la vertu magnetique de l'Aimant, *Non est quærenda in* Lib. vlt. nat. hist. c. 4.

omni parte natura ratio, sed voluntas. Ces deus sentences pour estre conceües en termes differens, ne laissent pas d'aboutir à vne mesme pensée, parce que, comme Salomon l'a fort bien prononcé dans vn sens allegorique, qui a son rapport à ce que nous disons, la loy de la Mere n'est iamais contraire aus commandemens du Pere. *Natura naturans,* dit la docte Barbarie de l'Eschole, *est Deus; Natura naturata, eius opus.* L'ouurage de la Nature, selon d'autres termes de Themistius & d'Auerroës, est l'ouurage de cette premiere intelligence qui n'erre iamais, non pas mesme

Natura opus, est opus intelligentiæ non errantis.

Des Monstres. 383
dans ses productions les plus imparfaites, quoy que nous en ayons escrit iusques icy. Et l'Art ne presuppose point si necessairement la Nature pour son appuy, que toutes les œuures de celle-cy presupposent vne Diuinité; ce qui deuroit nous les faire cótempler auec plus d'humilité & de respect que nous ne faisons. Mais quoy, nous auós honte de nostre foiblesse, & no⁹ craignons de passer pour des ignorans, si nous hesitons tant soit peu à rendre raison de toutes les merueilles que nous lisons dans le grand Code de cette mesme nature. Apres auoir estably de certaines maximes plus subtiles que reelles, nous

voulons que toutes ses operations s'y rapportẽt, comme s'il luy estoit impossible de passer les bornes que nostre esprit luy a prescrites. Et sur l'imaginatiõ de beaucoup plus d'ordre qu'elle n'en veut vray-semblablemẽt obseruer, encore qu'elle soit tres ordõnée par tout, noꝰ cherchons des certitudes mathematiques, & des regularitez inuariables aus choses materielles, qui ne se trouuent iamais qu'en celles qui sont deliurées de toute matiere, comme le premier de tous les Dogmatiques est contraint de l'auoüer au dernier chapitre du second liure de sa Metaphysique.

F I N.